WIE MAN MENSCHEN ANALYSIERT

Die Goldenen Regeln für die Beherrschung der Körpersprache, um Nie Wieder Manipuliert zu Werden und Stets zu Verstehen, mit Wem Man es zu Tun Hat

James Path

BRADBURY
Bestsellers

"Es gibt keine klareren Worte als die Körpersprache, wenn man gelernt hat, sie zu lesen."

Alexander Lowen

BRADBURY
Bestsellers

BRADBURY
Bestsellers

Bibliographische Referenzen

James Path ist ein Autor, Beobachter und Geschichtenerzähler. Er hilft Unternehmen und Persönlichkeiten, ihre Geschichten zu erzählen. Mit seiner einzigartigen Leidenschaft für Psychologie und menschliche Wahrnehmung bringt James Path seine offene und innovative Persönlichkeit in die Welt der Kommunikation ein und arbeitet in den Bereichen Unternehmensstrategie, Wahrnehmungsmanagement sowie Marken- und Selbstdarstellung.

James ist sich zutiefst bewusst, welche Auswirkungen eine bestimmte Art der Kommunikation auf andere Menschen, aber auch und vor allem auf uns selbst hat:

Psychologie und die Kunst der Kommunikation haben mich schon immer fasziniert, aber erst ihre Anwendung, um anderen zu helfen, gibt mir das Gefühl, im Leben wirklich lebendig und erfüllt zu sein.

BRADBURY
Bestsellers

INHALTSVERZEICHNIS

"Es stimmt zwar, dass die normale Ausdrucksform des rationalen Verstandes die Sprache ist, aber die der Emotionen ist nonverbaler Natur."

Daniel Goleman

EINFÜHRUNG

Verbale Kommunikation und Körpersprache sind eine der einflussreichsten Formen der Übermittlung von Botschaften und Bedeutungen, die wir in unseren täglichen Begegnungen nutzen.

Die Art und Weise, wie wir kommunizieren, ermöglicht es uns, unsere "basalen" Gefühle und Reaktionen zu stimulieren. Untersuchungen zufolge verbessert das Bewusstsein für die Körpersprache die Fähigkeit, in jeder Situation das zu bekommen, was man will.

Haben Sie schon einmal ein Paar beobachtet, das zusammensitzt und konnten in wenigen Minuten die Qualität seiner Beziehung bestimmen?

Haben Sie sich jemals gefragt, wie Sie ohne direkte Kommunikation schnell zu dieser Interpretation gelangen können?

Bewusst oder unbewusst verbringen wir unseren Tag damit, auf nonverbale Signale zu reagieren, die durch Körpersprache vermittelt werden und aus unseren Beobachtungen Rückschlüsse auf andere zu ziehen.
Unsere Körpersprache vermittelt die Wahrheit, die wir mit Worten verbergen, z. B. wie wir wirklich über uns selbst, unsere Beziehungen

und Umstände denken. Durch Blickkontakt, Gesten, Körperhaltung und Mimik können Gesprächspartner auf unsere Absichten, die Art unserer Beziehung zu einer anderen Person, unsere Beherrschung eines bestimmten Kontextes, unser Selbstwertgefühl und unsere authentischen Motivationen und Wünsche schließen.

Die Wirksamkeit der Körpersprache liegt in der emotionalen Reaktion, die sie hervorruft. Fast immer sind Entscheidungen und Reaktionen durch Emotionen motiviert.

Nonverbale Hinweise lösen Gefühle aus, die die Wahrnehmung der grundlegenden Qualitäten einer Person bestimmen: Ehrlichkeit, Vertrauenswürdigkeit, Aufrichtigkeit, Kompetenzniveau, Führungsqualitäten... Diese Signale können unsere Entscheidungen beeinflussen, mit wem wir uns verabreden, mit wem wir arbeiten, wie erfolgreich wir sind und sogar wen wir in wichtige politische Ämter wählen.

Warum widmen wir uns nicht jahrelang dem Erlernen und Entwickeln eines Bewusstseins für die Körpersprache, wenn dies doch eine so grundlegende Fähigkeit ist? Leider unterschätzen die meisten Menschen die Bedeutung dieser Signale, bis sie das menschliche Verhalten in einer persönlichen Beziehung oder in einem wettbewerbsorientierten Geschäftsumfeld besser verstehen müssen.
Die Beherrschung der Körpersprache ermöglicht es, die Bedeutung verschiedener Körpergesten und -bewegungen zu erkennen und zu

verstehen, wie man in der Interaktion mit anderen effektiv Botschaften vermitteln und ausdrücken kann.

Die ideale Methode, um diesen Prozess der Beherrschung zu beginnen, besteht darin, sich ein grundlegendes Wissen über zwei Erscheinungsformen der Körpersprache anzueignen: die offene Haltung und die geschlossene Haltung.

Menschen, die eine geschlossene Haltung einnehmen, krümmen ihren Körper um seine Mittellinie. Die Füße stehen eng beieinander, die Arme werden dicht am Körper gehalten, die Hände sind gekreuzt oder es werden kleine Gesten gemacht, die Schultern sind nach vorne gerollt und der Blick ist tendenziell nach unten gerichtet.

Diese Haltung vermittelt dem Gesprächspartner mangelndes Vertrauen, geringes Selbstwertgefühl, Hilflosigkeit und Unerfahrenheit. Im Extremfall kann sie sogar den Wunsch vermitteln, unsichtbar zu sein.

Eine solche Haltung hat negative Folgen im sozialen Bereich. Sie kann nämlich verhindern, dass man potenzielle Chancen ergreift. Wenn man es auf die Spitze treibt, kann es zur Entwicklung einer Opfermentalität führen, wie eine sich selbst erfüllende Prophezeiung.

Umgekehrt vermitteln Menschen, die eine offene Haltung einnehmen, ein Gefühl von Autorität, Macht und Führung, indem sie Gefühle von

Erfolg, Zuversicht, Stärke und Beherrschung ihrer Fähigkeiten ausstrahlen.

Die Haltung ist dadurch gekennzeichnet, dass die Füße im rechten Winkel zu den Hüften stehen, die Ellbogen vom Körper weggehalten werden, die Schultern nach hinten gerichtet sind, die offenen Handbewegungen von der eigenen Mittellinie wegführen, die Körperhaltung gerade ist und der Blick auf Augenhöhe mit den anderen Zuhörern ist.

Diese Personen werden als attraktiv, erfolgreich, intellektuell und natürlich erfolgreich wahrgenommen. Aus diesem Grund betrachten wir diese Art der Körpersprache als die "Sprache der Führung".

Im Mittelpunkt der Perfektionierung der Körpersprache und einer offenen Körperhaltung steht der Blickkontakt, eines der wichtigsten Kommunikationsmittel, das uns zur Verfügung steht.

Ein direkter Blickkontakt bei der Kommunikation mit anderen kann deren Wahrnehmung verändern: Wer einem Gesprächspartner zu Beginn direkt in die Augen schaut, wird als selbstbewusst, vertrauenswürdig und kompetent wahrgenommen.

Ein weiteres Signal, an dem eine Person arbeiten kann, um mit einer offenen Körperhaltung wahrgenommen zu werden, basiert auf Handbewegungen und dem Gesichtsausdruck. Durch große Gesten und

4

eine offene Mimik kann man beim Sprechen eine bessere Wirkung erzielen und wird für die Zuhörer optisch interessanter.

Trotz der Vorteile einer offenen Körperhaltung werden uns von klein auf Verhaltensweisen beigebracht, wie z. B. das Sitzen mit angezogenen Knien und vor dem Körper gefalteten Händen, die uns ermutigen, unseren physischen Raum einzuschränken, was dazu führt, dass wir bestimmte Eigenschaften annehmen, die für eine geschlossene Körperhaltung typisch sind.

Sich bewusst zu machen, was unser Körper kommuniziert, und ihn so zu beherrschen, dass wir genau die Botschaft vermitteln, die wir vermitteln wollen, kann dieser in der Kindheit entwickelten Haltung entgegenwirken.

Mit der Fähigkeit, zwischen den verschiedenen Formen der Körpersprache zu unterscheiden, kann jeder die nötige Meisterschaft erlangen, um in jeder Tätigkeit erfolgreich zu sein.

"Nonverbale Kommunikation ist ein ausgeklügelter Geheimcode, der nirgendwo geschrieben steht, niemandem bekannt ist und von allen verstanden wird."

Edward Sapir

Kapitel 1

DIE SPRACHE DES KÖRPERS

Wir beginnen mit einer Einführung in die Körpersprache. Versuchen Sie, einen Moment lang kreativ zu denken, um die Bedeutung der Körpersprache zu verstehen.

Der Begriff Sprache bezieht sich im Allgemeinen auf die verbale Kommunikation. Tatsächlich haben die Menschen seit Anbeginn der Zeit Sprachen verwendet, um sich durch die Kombination von Wörtern und Lauten zu verständigen.

Einige Sprachen sind älter als andere: Zu den ältesten gehören Griechisch, Hebräisch und Latein. Die älteste Sprache von allen ist jedoch die Körpersprache. Letztere war nämlich die erste Methode der Kontaktaufnahme zwischen Menschen.

Da die Körpersprache immer der erste Kommunikationskanal ist und die älteste "Sprache" der Welt darstellt, besteht ein eindeutiger Bedarf, sie eingehend zu studieren. Wenn man bedenkt, wie schwierig es ist, Frauen, Verabredungen und Sexualität zu verstehen, erreicht die Notwendigkeit, sich mit diesem Thema zu beschäftigen, eine ganz neue Ebene!

Wir denken über die Leidenschaft der Frauen für romantische Literatur nach. Der beschreibende Schreibstil, der die Körpersprache betont, ist die Grundlage von Liebesromanen. "*Sie war verletzlich für seine Berührungen, als sie sich eng um seine Beine schlang*"; Sie haben sicher verstanden, was ich meine.

Da Frauen mit der Körpersprache vertraut sind, fühlen sie sich beim Lesen zu dieser Form der Visualisierung hingezogen. Wissenschaftler glauben, dass Frauen die Körpersprache zehnmal geschickter ausnutzen als Männer. Wir Männer werden also geschickter als Frauen darin sein, diese Gesten zu interpretieren.

Frauen stellen sich sofort auf die Körpersprache eines Mannes ein. Es ist, als ob das weibliche Geschlecht gezwungen ist, in die Schule zu gehen, um zu lernen, wie man Männer in Sekundenschnelle lesen kann; es ist Teil ihrer DNA.

Viele anspruchsvolle Frauen lehnen bei der Wahl ihres Ehepartners einen Mann ab, sobald er einen Raum betritt. Sie denken vielleicht, dass er Sie nicht bemerkt hat, weil er Sie nicht direkt angeschaut hat, aber in Wirklichkeit hat er Sie bereits markiert! Es ist ähnlich wie in dem Film Robocop aus den späten 1980er Jahren: Er scannt den Raum, identifiziert den Verbrecher, führt eine Hintergrundprüfung durch und inspiziert die Waffen, bevor der Verbrecher überhaupt bemerkt, dass RoboCop den Raum betreten hat.

Das Lustige daran ist, dass das Mädchen, das sie abstempelt, nicht einmal merkt, dass sie es tut! Angenommen, eine ihrer Freundinnen stellt ihr einen Mann vor, an dem sie nicht interessiert ist. Sie wird nicht bewusst sagen oder denken: "*Mir hat nicht gefallen, wie er an mir vorbeigegangen ist. Sein Verhalten zeigt, dass er eine niedrige Meinung von sich selbst hat und nicht weiß, wie man attraktive Frauen erobert*", aber sie wird ihn unbewusst als ungeeignet abstempeln. Sie wird wahrscheinlich etwas sagen wie: "*Er scheint ein netter Mann zu sein, aber ich bin nicht besonders an ihm interessiert*".

Nebenbei bemerkt: Wenn wir die Körpersprache beherrschen, wollen wir, dass sie uns beobachtet, bevor wir uns nähern; wir wollen, dass sie uns erkundet. Wenn wir effektiv sprechen, wird die Frau neugierig sein, und das wird sich in Interesse verwandeln, sobald der Kontakt hergestellt ist.

Einfach ausgedrückt: Frauen sind in der Lage, grausam, unlogisch und unfair zu sein. Sobald Ihre Körpersprache darauf hindeutet, dass Sie ihr eine überlegene Position zugestehen, lässt die Anziehungskraft schnell nach, wie bei den Bösewichten in Robocop.

Das ist das Problem, das ich mit Frauen und dem ganzen Balzspiel hatte: die Geschwindigkeit, mit der eine Frau nein oder vielleicht sagt (es ist selten ein sofortiges Ja).

Der Haken an der Sache ist, dass Männer den Frauen auf unterschiedliche Weise Kontrolle und Einfluss zugestanden haben; sie können sich so aufregen, wenn eine schöne Frau vorbeikommt, dass sie ihre Zunge herausstrecken, um mit ihr zu wedeln.

Kein Wunder, dass Frauen ein so übersteigertes Selbstwertgefühl haben; ein Wunder, dass sie nicht alle Minivans fahren, um ihr Ego unterzubringen. Sie glauben, dass alle Männer ständig den roten Teppich für sie ausrollen müssen.

Im Gesetz des Körpers gibt es im Wesentlichen nur drei Körperpositionen:

- Minderwertigkeitsposition: resultiert aus übermäßiger verbaler, physischer und emotionaler Zustimmung zu einer Person oder Gruppe.
- Anerkennungsbedürfnis: eine Haltung der Minderwertigkeit, die durch übermäßige Versuche gekennzeichnet ist, die Anerkennung einer Person oder Gruppe zu gewinnen.

10

- Aufrechterhaltung der Zustimmung: Hier geht es weder darum, Zustimmung zu geben noch zu suchen. Vielmehr handelt es sich um eine Abfolge von körperlichen und stimmlichen Hinweisen, die Überlegenheit und Macht signalisieren. Sie könnte auch als neutrale Position verstanden werden.

Ich werde Ihnen zunächst eine handvoll Strategien an die Hand geben, mit denen Sie Ihre Körpersprache fast sofort verbessern können.

Stellen Sie sich vor, dass eine Kamera ständig auf Sie gerichtet ist. Es ist erwiesen, dass Frauen jeden Aspekt von Männern in sozialen Kontexten beobachten. Wenn Sie sich also umdrehen, um eine schöne Frau zu beobachten, die gerade vorbeigegangen ist, haben Sie sich in den Augen aller anderen Frauen im Raum blamiert.

Einfache, gesunde Körperhaltungen können den Unterschied ausmachen. Hat Ihnen Ihre Mutter immer geraten, mit Selbstvertrauen und mit zurückgenommenen Schultern zu gehen? Sie hatte Recht.

Der Winkel zwischen Ohren und Schultern sollte 90 Grad betragen: Behalten Sie dies immer im Hinterkopf und beobachten Sie Ihre Fortschritte. Sie können üben, aber bevor Sie es merken, sind Sie wieder in einer falschen Haltung, also seien Sie wachsam.

Ich habe gehört, dass es nicht schlecht ist, die Hände in den Taschen zu haben, weil es eine neutrale Standposition ist. Ich bin da anderer

Meinung. Behalten Sie Ihre Hände in sozialen Kontexten immer im Blick und niemals hinter sich oder in der Tasche versteckt. Das mag anfangs sehr unbequem erscheinen, aber es wird sich lohnen.

Benutzen Sie auch Ihre Hände, wenn Sie kommunizieren. Manche Frauen fühlen sich von den Händen eines Mannes angezogen, vor allem wenn sie richtig gezeigt werden.

Wenn die Hände sichtbar sind, ist es möglich, dass die Frau erregt wird und einen Blick auf sie wirft. Genauso wie Männer den Nacken einer Frau lieben, bevorzugen manche Frauen die Hände ihres männlichen Gegenübers. Außerdem ist der richtige Gebrauch von Handgesten ein Zeichen für inneres Vertrauen.

Ein weiterer Tipp: Zeigen Sie ein freundliches Lächeln, aber ohne zu übertreiben. Das macht Sie sympathischer, aber wenn Sie es zu oft tun, könnten Sie den Eindruck erwecken, dass Sie Ihre Angst oder Sorge überkompensieren. Ein Lächeln verleiht eine positive Ausstrahlung, erleichtert die Annäherung und beseitigt Ängste, es sei denn, Sie lächeln zu viel. In diesem Fall erwecken Sie bei den Mädchen das Gefühl von "zitternder Angst".

Interagieren Sie weiterhin konstruktiv mit allen Menschen um Sie herum, auch mit Fremden, aber tun Sie dies nicht aus Angst. Dies wird Ihnen helfen, in jeder Situation eine lockere und entspannte Körpersprache zu bewahren; Sie sollten niemals angespannt wirken.

Wenn Männer beispielsweise in der Schlange stehen, um einen Nachtclub zu betreten, glauben sie in der Regel, dass sie von niemandem beobachtet werden. Wir müssen unser Verhalten jedoch im Zaum halten, denn wir wollen nicht falsch eingestuft werden, zumal wir wissen, dass Frauen voreilige Urteile fällen könnten. Deshalb versuchen wir, mit den Menschen in der Schlange, sowohl mit Männern als auch mit Frauen, einen ansprechenden Dialog zu führen und zwar nicht nur mit den schönen Frauen.

Der Grund dafür ist folgender: Wenn Sie den Club schließlich betreten, haben Sie eine Beziehung aufgebaut und vielleicht eine Freundschaft geschlossen. Das wird Ihnen zugute kommen, denn die Gruppe von Mädchen in dem Club, die Sie ansprechen wollen, wird sehen, dass Sie von anderen gemocht und akzeptiert werden.

Sie sollten sich auch mit den Männern unterhalten, weil sie vielleicht einige Mädchen im Club kennen, die an Ihnen interessiert sind, was Ihnen einen Vorwand gibt, sich einer von ihnen zu nähern. Da sie Sie in ihre Gruppe aufgenommen haben, werden sich diese Männer nicht an der Schwanzblockade beteiligen.

Hier sind einige Tipps, wie Sie eine Frau in einem Nachtclub ansprechen können.

Tanzen Sie mit den Mädchen in der Warteschlange und mit anderen Frauen, die mit Ihnen tanzen wollen. Diese Mädchen dienen als Köder für die Frau, die Sie beeindrucken wollen. Wenn Sie in einer Gruppe tanzen und keine potenzielle Partnerin in Ihrer Mitte haben, gehen Sie mit der Frau auf die Tanzfläche, die am meisten an Ihnen interessiert zu sein scheint. Natürlich müssen Sie ihre Gesten deuten, um dies zu verstehen: Sie kann sich Ihnen nähern und zu tanzen beginnen oder einfach neben Ihnen stehen.

Um eine attraktive Körpersprache auf der Tanzfläche zu demonstrieren, sollten Sie ihr nach ein oder zwei Liedern den Rücken zuwenden, damit sie sich von hinten an Sie schmiegt.

Es ist ähnlich wie der Auftritt eines Paares, das zusammen reitet, nur dass in diesem Fall das Paar - Sie und das Mädchen - tanzen.

Es mag ein bisschen seltsam erscheinen, aber wenn Sie es richtig machen, senden Sie eine klare Botschaft: Sie ist an Ihnen interessiert, aber das Interesse wird von Ihnen nicht erwidert. Auf diese Weise vermitteln Sie, dass Sie einfach Spaß haben und sich nicht zu sehr anstrengen. Lächeln und lachen Sie einfach, flirten Sie ein wenig und haben Sie Spaß.

Es mag seltsam klingen, aber wenn Sie sich nach diesen Tipps verhalten, wird das Mädchen anfangen, Sie zu mögen, nur weil Sie Selbstvertrauen ausstrahlen. Das wird nicht nur ihr passieren: Oftmals wird ein Mädchen in der Gruppe, das sich zunächst nicht für Sie zu interessieren schien, anfangen, Ihnen Aufmerksamkeit zu schenken.

Dies sind einige schnelle Schritte, die Sie unternehmen können, wenn Sie sich in einem Club, einer Bar oder einem anderen gesellschaftlichen Umfeld aufhalten. Bei jeder Gelegenheit, bei der es mögliche Frauen gibt, an denen Sie interessiert sind, sollten Sie nie in Ihrer Wachsamkeit nachlassen; und mit "überall" meine ich auch, wenn Sie allein sind.

Ich kann nicht zählen, wie oft ich Männer beobachtet habe, darunter viele aus meinem Programm, die sich in der Öffentlichkeit zu präsentieren wissen, aber ihre schrecklichen Gewohnheiten beibehalten, wenn sie allein sind.

Wenn Sie die oben genannten Verhaltensweisen nicht geübt haben, wenn Sie allein sind, werden sie auch in sozialen Situationen auftauchen, in denen sie nicht erwünscht sind.

Wenn Sie positive körpersprachliche Gewohnheiten nur üben, wenn Sie allein sind, werden diese zu Ihren Gewohnheiten werden, sowohl wenn Sie allein sind als auch in der Öffentlichkeit.

DIE BEDEUTUNG DER KÖRPERSPRACHE

Die Bedeutung der Körpersprache bei der Kommunikation von Angesicht zu Angesicht hängt von der Sprache ab, die die Gesprächspartner verwenden. In einigen Sprachen ist sie sogar wichtiger als in anderen, um die Feinheiten der Bedeutung zu vermitteln.

Da der Reichtum der englischen Sprache uns erlaubt, viele Nuancen zu kommunizieren, verlassen sich englische Muttersprachler in der Regel weniger auf die Körpersprache, um Bedeutungen zu vermitteln.

Diejenigen, die stattdessen eine Sprache mit einem begrenzten Wortschatz verwenden, drücken sich oft geschickt durch Intonation, Mimik und Gestik aus.

Wenn jemand sagt: "Ich *freue mich auf die Zusammenarbeit mit Ihnen*", dann aber auf die Uhr starrt und den Blickkontakt vermeidet, würden die meisten von uns annehmen, dass die Worte nicht die wahren Gefühle der Person widerspiegeln.

Mit anderen Worten: Wenn Körpersprache und Worte unterschiedliche Botschaften vermitteln, sind wir geneigt, uns mehr auf die Körpersprache zu verlassen.

Da letztere als unbewusst und spontan gilt, neigen wir dazu, sie als das Ausdrucksmittel zu betrachten, das unseren innersten Gefühlen und Gedanken am ehesten entspricht. Auf diese Weise nutzen wir also die angeborene Fähigkeit, die Körpersprache zu verstehen, die wir alle besitzen, die uns aber vielleicht nicht bewusst ist.

Wenn jemand mit monotoner Stimme und einem kleinen Seufzer am Ende sagen würde: "Ich *freue mich auf die Zusammenarbeit mit Ihnen*", würden Sie ihm sicherlich keine Sekunde lang glauben. Auch hier gilt: Wenn der Tonfall eine andere Botschaft vermittelt als die Worte, neigen wir dazu, uns mehr auf die Bedeutung zu verlassen, die dieser bestimmte Tonfall vermittelt.

Worte werden als wahr akzeptiert, wenn der Tonfall und die Körpersprache übereinstimmen. Neben dem Verständnis von Sprachmustern ist es von entscheidender Bedeutung, auch die nonverbalen Komponenten der Kommunikation zu erfassen.

Die Tatsache, dass wir intuitiv die Bedeutung einer Vielzahl von körpersprachlichen Äußerungen verstehen, bedeutet nicht, dass wir immer genau wahrnehmen, was durch diese Art der Kommunikation vermittelt wird. In der Tat müssen einzelne Aspekte der Körpersprache im Kontext gelesen werden, anstatt eine feste Bedeutung anzunehmen.

So wird beispielsweise häufig angenommen, dass das Verschränken der Arme vor der Brust eine abwehrende Geste ist. Das kann so sein, vor allem, wenn man es in einem Moment des Gesprächs beobachtet, in dem die Person guten Grund hat, sich zu verteidigen.

Es gibt jedoch viele Gründe, warum eine Person ihre Arme verschränkt: Es kann sein, dass ihr kalt ist, dass sie auf einem Stuhl ohne Armlehnen sitzt oder dass sie sich einfach wohl fühlt.

Wenn Sie die Körpersprache verstehen wollen, beschränken Sie sich nicht darauf, nur die einzelnen Komponenten zu analysieren, sondern betrachten Sie das Gesamtbild und suchen Sie nach drei oder vier Anhaltspunkten, die miteinander übereinstimmen, um zuverlässige Rückschlüsse auf die tatsächliche Botschaft zu ziehen, die wir von unserem Gesprächspartner erhalten.

KOMPONENTEN DER KÖRPERSPRACHE

Untersuchungen haben ergeben, dass die Worte, die wir in Gesprächen vis à vis verwenden, nur 7 % der Botschaft ausmachen, die wir in der Kommunikation mit anderen Menschen zum Ausdruck bringen. Wow! Was spricht also lauter als Worte? Offensichtlich die Körpersprache. Sie macht unglaubliche 55 % unserer Botschaft aus. Der Tonfall hingegen vervollständigt die Gleichung.

Glauben Sie nicht, dass das wahr ist? Denken Sie darüber nach: Nehmen wir an, ich erzähle eine Geschichte und Sie kommen zu mir, gähnen, rollen mit den Augen, schütteln den Kopf und gehen.

Haben Sie ein Wort gesagt? Nein, nichts.

Habe ich Ihre Botschaft verstanden? Ja: Sie mochten meine Erzählung nicht und fanden sie langweilig.

Erstaunlicherweise haben Sie kommuniziert, ohne ein einziges Wort zu sagen! Blickkontakt, Gesichtsausdruck, Körperbewegung und persönlicher Raum sind wichtige Bestandteile der Körpersprache.

- Blickkontakt herstellen

Der Blickkontakt ist eine der wichtigsten Formen der Kommunikation. Ein einfacher Blickkontakt mit Ihrem Gesprächspartner kann seine Wahrnehmung von Ihnen verändern.

Wenn Sie mit dem Verbraucher Blickkontakt aufnehmen, wird er Sie als vertrauenswürdig, selbstbewusst und kompetent wahrnehmen. Sie zeigen damit auch, dass Sie der Person zuhören wollen. Wer hingegen den Blickkontakt vermeidet, vermittelt Unbehagen, mangelnde Aufrichtigkeit, Unaufmerksamkeit und Desinteresse.

Übertreiben Sie es jedoch nicht. Wenn Sie starren, laufen Sie Gefahr, den Kunden zu verschrecken.

- Gesichtsausdruck

Der beste Gesichtsausdruck, den Sie zeigen können, ist ein echtes Lächeln.

Selbst an Tagen, an denen Sie sich unwohl fühlen, hilft Ihnen ein Lächeln, sich besser zu fühlen; außerdem wirken Sie dann zugänglich und freundlich.

Ein Lächeln sorgt dafür, dass sich auch andere besser fühlen; es ist der beste Ansatz, um den Kunden in gute Stimmung zu versetzen und ihn Ihnen gegenüber hilfsbereit zu machen.

Es ist jedoch wichtig, die anfängliche Gemütsverfassung des Kunden zu berücksichtigen. Wenn er verärgert wirkt, wird es ihn verärgern, wenn Sie ihm mit einem Lächeln im Gesicht zuhören. Lesen Sie die Körpersprache Ihrer Kunden und reagieren Sie entsprechend.

- Körperbewegung

Die Art und Weise, wie Sie mit dem Kunden umgehen, verrät viel über Sie: Interessieren Sie sich für die Sichtweise des Kunden? Sind Sie besorgt über sein Dilemma? Macht es Ihnen Freude, ihn zu beobachten? Wenn Sie stehen, nicken und dem Kunden Ihre volle Aufmerksamkeit schenken, zeigen Sie, dass Sie ihm aktiv zuhören.

Wenn Sie sich dagegen an die Wand lehnen, Ihren Körper auf die andere Seite drehen und dabei andere Aufgaben erfüllen, vermitteln Sie ihm Gleichgültigkeit. Auch die Handbewegungen sind von großer Bedeutung.

- Persönlicher Raum

Es ist wichtig, den Abstand zwischen Ihnen und Ihrem Gesprächspartner zu berücksichtigen. Wenn der Kunde sich entfernt, ist das ein Zeichen dafür, dass er mehr Platz braucht, um zu sprechen und sich wohl zu fühlen.

Im Allgemeinen ist ein Abstand von einem halben bis einem Meter ideal.

Denken Sie jedoch daran, dass die Regeln der Proxemik variieren: Was in einem Land als akzeptabler persönlicher Abstand gilt, kann in einem anderen Land anders sein.

Die Körpersprache ist eine wirksame Kommunikationstechnik; sie zu verstehen und richtig einzusetzen, wird Sie im Geschäftsleben und in persönlichen Beziehungen zum Erfolg führen.

BEDEUTUNG DER NONVERBALEN KOMMUNIKATION

Stille Kommunikation ist eine andere Bezeichnung für nonverbale Sprache.

Es handelt sich um eine Handlung, bei der Informationen zwischen einer Person und einer Gruppe entweder verbal oder durch Mimik, Körperhaltung, Gestik usw. übermittelt werden.

Die meisten Menschen kommunizieren täglich mit nonverbalen Signalen. Diese Art der Übermittlung von Botschaften wird von frühester Kindheit an erlernt; ein Beweis für ihre grundlegende Rolle in unserem Leben ist, dass selbst behinderte Kinder, die nicht sprechen, mit ihren Händen kommunizieren können.

Laut dem Anthropologen Paul Ekman "*vermitteln insbesondere Körpersprache und Gesichtsausdruck eine Botschaft wirksamer als bloße Worte*".

Nonverbale Kommunikation ist für uns instinktiv; haben Sie zum Beispiel schon einmal beobachtet, wie wir lächeln, die Stirn runzeln und uns ärgern, während wir mit jemandem telefonieren?

Auch wenn in diesem Fall die Botschaft, die unser Gesichtsausdruck und unser Verhalten vermitteln, beim Empfänger vielleicht nicht ankommt, ist es für uns ganz natürlich, sie trotzdem in die Tat umzusetzen.

In Anbetracht ihres spontanen Charakters ist es wichtig, darauf zu achten, unsere Äußerungen zu mäßigen, denn Missverständnisse können zu unangenehmen Situationen führen, die eine Bindung gefährden können, etwa wenn wir uns mit Freunden, Verwandten oder Familienmitgliedern unterhalten.

Wenn wir hingegen mit einem Fremden kommunizieren, müssen wir noch vorsichtiger sein, da die Person uns nicht kennt und einige unserer Verhaltensweisen falsch interpretieren könnte.

Händeschütteln, Grüßen, Zeigen und Drohen durch Erheben der Hand sind Gesten, die keine Worte erfordern, sondern nonverbale Interaktionen darstellen.

Mit unseren Augen teilen wir unsere Gedanken und Gefühle mit: Blicke der Überraschung, der Wut, der Unwissenheit, der Verschlagenheit usw.

Selbst ein Kopfnicken kann nützlich sein, um ein Ja oder Nein zu vermitteln. Wenn Kinder zu sprechen beginnen, verwenden sie verschiedene nonverbale Gesten, um mit Erwachsenen zu kommunizieren.

Selbst die Art, wie man sitzt und geht, kann eine bestimmte Absicht vermitteln. Das Überkreuzen der Beine oder Arme ist zum Beispiel ein Zeichen von Egoismus.

Manchmal beugt sich ein Mensch nach vorne, wenn er seinem Gesprächspartner die Hand schüttelt, um eine Botschaft der Demut zu vermitteln. In Indien ist es ein Zeichen für gute Manieren, die Füße der Älteren zu berühren und ihren Segen zu erhalten.

Berührungen, die auch zur nonverbalen Kommunikation gehören, können Gefühle von Wärme und Sympathie vermitteln. Es wird angenommen, dass Säuglinge und Kinder ihre Lieben durch Berührung kennen und erkennen.

Wenn eine andere Person versucht, das Kind in den Arm zu nehmen, schreit das Kind und wenn es im Schlaf schluchzt und die Mutter ihre Hand auf seine Brust legt, erhält das Kind eine nonverbale Botschaft des Schutzes und der Sicherheit.

Gemäß dem Sprichwort "der erste Eindruck ist der, der bleibt", hat auch das Äußere einen großen Einfluss. Die Wahl der Farben, der Kleidung, des Haarschnitts und der Körperhaltung repräsentiert unsere Persönlichkeit.
Heutzutage wird von Büroangestellten verlangt, dass sie sich in Unternehmen und Büros formell kleiden, um zu verhindern, dass ihr Stil die Vorurteile anderer weckt.

Oder denken Sie an einen Kandidaten, der eine Prüfung ablegen muss.

Wenn es sich um eine schriftliche Prüfung handelt, hängt die einzige Prüfung, die er ablegen muss, von seinem Wissen ab.

Handelt es sich hingegen um ein mündliches Gespräch, so kommt eine weitere relevante Variable ins Spiel, die von seiner Persönlichkeit abhängt.

Die Farbe seiner Kleidung verrät nämlich seinen Charakter; wie man so schön sagt, "Farben sprechen". Auch die Art und Weise, wie er geht, verrät sein Selbstvertrauen, sein Gesichtsausdruck kann Aufschluss über seine Nervosität geben und seine Augen verraten uns, wie viel Angst er hat.

Bevor der Auswahlausschuss ein mündliches Vorstellungsgespräch führt, verfügt er also über all diese Anhaltspunkte, um sich einen ersten Eindruck von dem Bewerber zu verschaffen. Aus diesem Grund sind Kurse zur Selbstdarstellung heute in Mode.

WIE WICHTIG KOGNITIVE KOMMUNIKATION IST

Je nach den verwendeten Übertragungskanälen kann der Kommunikationsprozess in verbale und nonverbale Formen unterteilt werden.

Die nonverbale Kommunikation ist die wichtigste Art der Kommunikation, die dem Menschen zur Verfügung steht. Man schätzt, dass sie 55 % unserer Kommunikation ausmacht, die Sprache 38 % und die schriftliche Kommunikation nur 7 %.

Der Kommunikationsprozess umfasst die Verschlüsselung und Übermittlung einer Nachricht durch den Sender.

Die Informationen werden dann über den gewählten Kommunikationskanal an den Empfänger übermittelt. Der Empfänger entschlüsselt die Nachricht, verarbeitet die Daten und gibt über denselben Kommunikationskanal eine angemessene Antwort.

Dieser Vorgang ist identisch, unabhängig davon, ob verbale oder nonverbale Kommunikationsformen verwendet werden.

Zur nonverbalen Kommunikation gehören Körpersprache, Mimik und Bilder wie Diagramme oder Fotos, die zur Kommunikation verwendet werden.

Die Methoden der nonverbalen Kommunikation.

Es gibt acht Hauptstrategien der nonverbalen Kommunikation. Das Konzept der "Körpersprache" ist uns im Allgemeinen recht vertraut.

Es ist jedoch ein weit gefasster Begriff, der auch andere Formen der nonverbalen Kommunikation wie Gesten, Körperhaltung und Blicke umfasst.

- Blickkontakt

Blickkontakt kann Neugier, Aufmerksamkeit und Engagement vermitteln. Zu beachten sind Fixationsmuster, Pupillenerweiterung, Blinzelhäufigkeit sowie Richtung und Intensität des Blicks.

- Gesichtsausdruck

Laut dem Psychologen Paul Ekman, dem Autor der neurokulturellen Theorie der Emotionen, gibt es Gesichtsausdrücke, die von unseren Gefühlen in bestimmten Situationen abgeleitet sind und als universell, d. h. in allen Kulturen gültig gelten.

Um seine Hypothese zu beweisen, legte er Fotos vor, die Gesichter von Personen mit einem bestimmten emotionalen Ausdruck zeigten.

Obwohl die Versuchsteilnehmer aus verschiedenen Ländern stammten (der Test wurde auch mit Naturvölkern durchgeführt), wurden die mit den dargestellten Ausdrücken verbundenen Emotionen allgemein erkannt. So identifizierte Ekman die so genannten primären Emotionen und die entsprechenden Gesichtsausdrücke: Wut, Angst, Traurigkeit, Glück, Überraschung und Ekel. Da es eine gemeinsame Interpretation dieser Ausdrücke gibt, können wir sie zu unserem Vorteil nutzen. Wir wissen zum Beispiel, dass wir als freundlich, offen und hilfsbereit wahrgenommen werden, wenn wir lächeln.

- Körperhaltung

Die Körperhaltung, die Art und Weise, wie man sitzt, kann bei unseren Gesprächspartnern Urteile und Gedanken hervorrufen.

Wer beispielsweise während eines Vorstellungsgesprächs ständig zappelt und die Hände bewegt, wird als unsicherer und nervöser Mensch interpretiert.

Steht der Bewerber dagegen aufrecht und mit breiter Brust und sitzt er gelassen, dann wird der Gesprächspartner denken, dass er eine selbstbewusste, kompetente und zuverlässige Person vor sich hat.

- Gesten.

Selbst kleine Bewegungen des Kopfes, des Gesichts und der Augen, wie Zwinkern, Nicken oder Rollen, können Gefühle ausdrücken oder Botschaften vermitteln.

Stellen wir uns vor, dass wir vor einem Professor stehen, der uns gerade eine Frage gestellt hat.

Wenn wir während unserer Ausführungen sehen, dass er mit dem Kopf nickt, könnten wir diese Geste als Ermutigung zum Weitermachen interpretieren. Schüttelt er hingegen waagerecht den Kopf, sollten wir schnell den Kurs wechseln, weil wir seine Frage wahrscheinlich nicht richtig beantworten.

Gesten sind während einer Interaktion wichtig; ein Gespräch ohne sie kann monoton, steif und leblos wirken.

- Berühren.

Der Begriff "Berührung", der mit Kommunikation zu tun hat, umfasst Händeschütteln, Küssen, Schulterklopfen, Abklatschen und Armdrücken.

Die Bedeutung von Berührungen hängt stark vom Kontext und der Beziehung zwischen den Gesprächspartnern ab.

Wenn sich zwei junge Menschen bei einem romantischen Abendessen an den Händen halten, interpretieren wir diese Geste als eine Demonstration der Zuneigung.

Wiederholt sich dieselbe Geste hingegen beim Anschauen eines Horrorfilms, ist die vorherrschende Emotion möglicherweise nicht Zuneigung, sondern Angst.

- Zungenschutz

Dieser Begriff bezieht sich auf die nonverbalen Hinweise der Stimme, d. h. die akustischen Eigenschaften der Sprache: Tonfall, Intonation und Akzent können stille Botschaften vermitteln.

- Proxemik

Die Proxemik ist die Lehre vom Raum und der zwischenmenschlichen Distanz zwischen zwei Personen.

Es ist möglich, verschiedene Zonen (Bereiche, die eine Person umgeben) zu bestimmen, die je nach Beziehung zwischen den Personen mehr oder weniger ausgedehnt sind und innerhalb derer sich Unbefugte nicht bewegen dürfen.

Die Intimzone zum Beispiel umgibt eine Person mit maximal fünf Fuß und ist für enge Freunde und Familienmitglieder bestimmt.

- Kleidung und körperliche Merkmale.

Merkmale wie Körperbau, Größe, Gewicht, Haare, Hautfarbe, Geschlecht, Geruch und Kleidung vermitteln nonverbale Hinweise, die unser Verstand nicht ignorieren kann.

NONVERBALE SIGNALE

Die Fülle an Werbung für Schulanfangskalender, Rucksäcke und Mäppchen im Fernsehen zeigt, dass der Sommer viel zu schnell vergangen ist; aber ich kann mir vorstellen, wie viele Fantasy-Romane Sie im Sommer gelesen haben.

Ich muss sagen, dass Krimis, Liebesgeschichten und historische Biografien allesamt großartige Formen der Unterhaltung sind, aber jetzt, wo Sie vielleicht daran denken, wieder zur Arbeit oder zur Schule zu gehen, gibt es noch eine weitere Kommunikationsfähigkeit, über die ich sprechen möchte: die Kunst, Menschen zu "lesen".

Um Menschen lesen zu können, müssen wir besonders auf die Feinheiten des nonverbalen Verhaltens achten, auf die Hinweise und Zeichen, die unser Körper unwillkürlich preisgibt, wenn wir sprechen. Die Fähigkeit, Menschen zu lesen, ist in der Geschäftswelt des 21.

Jahrhunderts von entscheidender Bedeutung, zumal uns nonverbale Hinweise helfen, das Verhalten und die Einstellung unseres Gegenübers besser zu deuten.

Auch wenn es nicht einfach ist, aus konkreten Einzelhandlungen Rückschlüsse zu ziehen, dienen Kombinationen von nonverbalen Verhaltensweisen zweifellos als Hinweise auf mentale und verhaltensmäßige Konsistenz.

Das Lesen von Menschen und das Verstehen der Körpersprache sind sehr intuitiv und werden oft als sechster Sinn bezeichnet.

Stellen Sie sich eine Situation vor, in der Sie einen Raum betreten, sich einer Gruppe von Menschen nähern, sich aber nicht willkommen fühlen.

Vielleicht unterhielten sie sich vor Ihrer Ankunft angeregt miteinander, aber mit Ihrer Ankunft wurde das Gespräch abrupt unterbrochen.

Auch wenn niemand ausdrücklich etwas gesagt hat, haben Sie das Gefühl, dass Sie ein Eindringling sind.

Welches nonverbale Verhalten hat Sie zu diesem Schluss geführt? Gab es verschränkte Arme, strenge Blicke, Schweigen oder abgewandte Köpfe?

Denken Sie andererseits an eine Situation, in der Sie jemanden grob missverstanden haben und nun im Nachhinein feststellen, dass Sie die offensichtlichsten Anzeichen übersehen haben.

Zu den ersten Wissenschaftlern, die sich mit der Wirksamkeit nonverbalen Verhaltens beschäftigten, gehört Abraham Mehrabian.

Er glaubt, dass allein die Mimik 55 % der gesamten menschlichen Kommunikation ausmacht. Ihm zufolge hat das nonverbale Verhalten drei Dimensionen: Unmittelbarkeit, Macht und Reaktionsfähigkeit.

- Unmittelbarkeit.

Unmittelbarkeit bezieht sich auf die Vorstellung, dass Menschen sich zu Dingen hingezogen fühlen, die sie mögen, während sie dazu neigen, diejenigen auf Distanz zu halten, die sie nicht mögen. Dies äußert sich in körperlichen Bewegungen in Richtung des Objekts des Interesses, z. B. indem man sich nach vorne beugt und die Hände oder Arme öffnet, um im übertragenen Sinne Nähe zu vermitteln.

- Macht.

Machtverhalten besteht aus umfassenden körperlichen Gesten, die Autorität oder Macht über andere demonstrieren.

- Reaktivität.

Das Konzept der Reaktivität setzt die Intensität der positiven oder negativen Emotionen einer Person mit der Intensität ihrer Körperbewegungen in Beziehung.

Laut Dr. Jo-Ellan Dimitrius ist das Entschlüsseln von Körpersprache und nonverbalem Verhalten zwar situations- und kulturabhängig, aber eine Fähigkeit, die mit Entschlossenheit und Geduld erlernt und verfeinert werden kann.
Der Wissenschaftler schlägt vor, dass die Schüler zunächst die wichtigsten Merkmale einer Person, Verhaltensmuster, Extreme und

die Angemessenheit des Verhaltens für den jeweiligen Kontext analysieren.

Es gibt viele unterschiedliche Interpretationen der Bedeutung von körpersprachlichen Äußerungen, aber es wurde viel Arbeit geleistet, um einen Standardsatz von Dekodierungsschlüsseln zu erstellen.

Um Ihre Fähigkeit zu verbessern, nonverbales Verhalten zu interpretieren, ist es wichtig, diese grundlegenden Codes zu verstehen und zu erkennen.

Dazu gehört die Identifizierung von offenen/geschlossenen Verhaltensweisen, die auf die Annahme oder Ablehnung der Botschaft hinweisen, und von "Go/No-Go"-Verhaltensweisen, die eine aktive oder passive Reaktion auf Ihre Kommunikation anzeigen. Die folgende Liste soll als Ausgangspunkt dienen:

- Reaktivitätssignale

Eine Person, die Ihnen aktiv zuhört, sitzt, lehnt sich aber nach vorne, hat eine offene Haltung, den Kopf leicht geneigt, Arme und Hände deuten auf Empfänglichkeit für Ihre Gedanken hin und möglicherweise nickt sie langsam mit dem Kopf. Die Gesprächspartner zeigen direkten Blickkontakt, eine nach oben gerichtete Mundbewegung und ein echtes Lächeln. Wenn jemand bereit ist, Ihnen zuzustimmen, kann er die

Papiere vor sich beiseite legen, den Stift weglegen, die Hände auf den Tisch legen und zuhören.

- Reflexionssignale

Das Streichen über das Kinn, das Knabbern an den Brillenbügeln, der Blick nach oben und das Überkreuzen der Knöchel über dem Knie können darauf hinweisen, dass die Person Ihre Idee analysiert. Umgekehrt können gerunzelte Lippen und eine gerunzelte Stirn, fehlender Blickkontakt und Kopfnicken auf Unsicherheit, Unbehagen oder Desinteresse hinweisen.

- Fluchtsignale

Hinweise auf die Bereitschaft des Gesprächspartners, das Gespräch abzubrechen, sind Verhaltensweisen wie: ins Leere blicken, mit den Füßen aufstampfen, kritzeln, auf einem Stift kauen, an den Nägeln kauen oder in eine zurückgezogene Position sinken.

Andere signifikante Anzeichen können sein: zur Tür schauen und den Körper in diese Richtung richten, die Jacke zuknöpfen oder zappeln. Ablehnung ist leicht daran zu erkennen, dass sich die Person oft von Ihnen abwendet, die Arme vor der Brust verschränkt, die Fäuste ballt, die Stirn runzelt und den Kopf senkt. Er/sie verhält sich dann Ihnen gegenüber verschlossen.

- Signale kontrastieren

Ungeduldiges Verhalten kann sich durch ständiges Bewegen des Stuhls äußern, begleitet von ständigem Klopfen mit Fingern und Füßen auf einer Oberfläche, schnellem Nicken des Kopfes, starrem Blick und zur Faust geballten Händen. Darüber hinaus kann die Person eine aufrechte, aber starre Haltung einnehmen, die Arme verschränken oder die Hände in die Hüften stemmen, den direkten Blickkontakt vermeiden und die Stirn runzeln. Das letzte Anzeichen ist eine absichtliche körperliche Bewegung, um sich von dem Gespräch und der Interaktion zu distanzieren.

- Zeichen des Territoriums

Der Einzelne ist auch sehr besitzergreifend in Bezug auf seinen eigenen Raum. Jeder Mensch hat einen unsichtbaren persönlichen Bereich, der ihn umgibt und den er mit aller Kraft vor anderen verteidigt.

Beobachten Sie, wie eine Person ihren persönlichen Raum während eines Gesprächs nutzt: Ist der Abstand für das Gespräch intim oder sozial? Dies gibt einen Hinweis auf den Grad des Komforts, den der Gesprächspartner empfindet.

Territorialität erstreckt sich auch auf den physischen Raum, den wir als den unseren betrachten. Im Büro zum Beispiel beeinflusst die Position von Schreibtischen, Stühlen und Gästezimmern den Gesprächsfluss.

NONVERBALE KOMMUNIKATION FÜR ERFOLGREICHE BEZIEHUNGEN

Nach Ansicht von Wissenschaftlern der zwischenmenschlichen Kommunikation werden 7 Prozent der einstellungsbezogenen Bedeutung einer Nachricht durch Worte vermittelt, während 93 Prozent durch nonverbale Hinweise vermittelt werden.

Wir alle waren schon einmal in einer Situation, in der wir beobachten mussten, wie ein Mensch erklären musste, warum er seine Zusagen im Arbeitsplan nicht einhielt oder seine Zahlungsverpflichtungen nicht erfüllte.

In diesem Zusammenhang haben wir uns gedacht: "*Was dieser Mann sagt, scheint logisch zu sein, aber mein innerer Verstand sagt mir, dass es nicht stimmt*", ein Eindruck, der sich später als begründet erwies.

Dieser innere Verstand ist wahrscheinlich tatsächlich Ihr Gehirn, das Ihnen eine unterbewusste Botschaft übermittelt: Ihre Augen haben die Körpersprache des Betreffenden beobachtet und ihn als Lügner identifiziert.

Der Lügner kann innerhalb weniger Sekunden unbewusst Verhaltensweisen an den Tag gelegt haben, die uns nicht entgangen sind und es uns ermöglicht haben, die Wahrheit zu erkennen. Der Lügner hat uns, ohne dass es ihm bewusst war, die Wahrheit durch seine Körpersprache verraten.

Nach Mary Ellen Guffey umfasst die nonverbale Sprache, die ungeschriebene und unausgesprochene Kommunikation, unabhängig davon, ob sie gewollt oder ungewollt ist.
Ohne diese nonverbale Komponente könnte die verbale Kommunikation nicht ihre volle Bedeutung vermitteln. Körpersprache und verbale Sprache gehen Hand in Hand. Diese stille Kommunikation kann im Gegensatz zur verbalen Kommunikation nicht leichtfertig manipuliert werden.

Der Körper überträgt nämlich seine Sprache, weil er darauf programmiert wurde. Jeder von uns hat unbewusst gelernt, die Körpersprache der anderen zu deuten.

Einerseits kann der Lügner geschickt und mit überzeugenden Motiven lügen, aber er merkt oft nicht, dass er den direkten Blickkontakt mitdem

Zuhörer vermeidet, seine Finger an die Lippen legt oder mit leiser Stimme spricht. Unsere Augen werden eine Unstimmigkeit zwischen Gesten und Worten aufdecken und damit Verdacht erregen.

Körpersprachliche Äußerungen haben mehrere Bedeutungen und jede Interpretation hängt von der jeweiligen Situation und Kultur ab.

Da sie kein universeller Ausdruck ist, ist die Körpersprache schwer zu verstehen und führt oft zu Verwirrung. Dennoch ist sie unverzichtbar und ohne sie wird die Botschaft langweilig und unverständlich sein.

Laut Dr. Birdwhistle sind Körpersprache und verbale Kommunikation voneinander abhängig.
Für sich genommen können sie nicht die volle Bedeutung dessen vermitteln, was eine Person ausdrücken möchte.

Um das Potenzial des Verständnisses der Körpersprache zu verstehen, möchte ich Ihnen die Geschichte von Don erzählen, einem Jungen, dessen Leben durch die Interpretation seiner Körpersprache gerettet wurde.

Julius Fast (Fast Julius, Body Language, Pocket Books a part of Simon & Schuster Inc, New York, 1970, S. 105-107) erzählt die Geschichte von Don, einem depressiven 17-Jährigen, der regelmäßig einen Therapeuten aufsuchte und erklärte, dass er sich das Leben nehmen würde.

Trotz wiederholter Erklärungen unternahm der Junge jedoch nie einen Selbstmordversuch. Bis zu einem bestimmten Abend.

Als der junge Mann eines späten Abends in die Praxis des Therapeuten kam, war er schlecht gekleidet, sein Gesicht war blass und er saß lustlos mit verschränkten Armen und stumpfem Blick da. Seine Bewegungen waren eingeschränkt und er wirkte schweigsam und nachlässig. Don war der letzte Patient an diesem Abend.

Der Therapeut wollte ihn nicht sehen, weil er zu spät kam, fast am Ende der Beratungszeit. Der Psychologe teilte ihm daraufhin mit, dass die Beratung für diesen Tag beendet sei und riet ihm, am nächsten Tag wiederzukommen.

Vor lauter Erschöpfung und Verzweiflung erklärte der Junge platt und leblos, dass es für ihn kein Morgen gäbe und deutete an, dass er in dieser Nacht sein Leben beenden würde.

Der Therapeut entgegnete, dass dies eine Melodie sei, die er schon seit sechs Wochen höre und dass die Drohung noch nie zu Taten geführt habe. Als der Therapeut sich weigerte, mit ihm zu sprechen, verließ Don den Beratungsraum.

Der Therapeut bekam jedoch ein schlechtes Gewissen, weil er sich weigerte, sich mit Don zu treffen, zumal Dons Verhalten an diesem Abend völlig anders war.

Es schien, als wolle er die angekündigte Aktion durchführen, obwohl er seit sechs Wochen denselben Wunsch geäußert hatte. Obwohl es mitten in der Nacht war, eilte der Therapeut von Zweifeln und Sorgen geplagt zum Haus des Patienten.

Als der Therapeut bei Don zu Hause ankam, war das Fläschchen mit den Schlaftabletten leer und Don schlief bereits ein. Der Therapeut wies die Eltern sofort an, sich an den Hausarzt zu wenden, um den Magen auspumpen zu lassen und so das Leben des Jungen zu retten.

Dieses Beispiel zeigt, dass Dons Worte zwar sechs Wochen lang unverändert geblieben waren, seine Körpersprache sich jedoch verändert hatte, was auf eine andere Botschaft hindeutete, nämlich die tatsächliche Absicht, den Selbstmordversuch zu unternehmen.

NONVERBALE KOMMUNIKATION UND IHRE BEDEUTUNG UND IHR VERSTÄNDNIS

Es sei noch einmal darauf hingewiesen, dass die nonverbale Sprache ein unverzichtbarer und integraler Bestandteil der Kommunikation ist.

Bekannte Forschungen zeigen, wie sich die Augen weiten, wenn jemand einen geliebten Menschen oder eine schöne Szene sieht. Diese Entdeckung hat sich als sehr wertvoll erwiesen.

Hier ein Beispiel dafür, wie diese nonverbalen Informationen in der Forschung genutzt werden können.

Ein Team wird beauftragt, die Wirksamkeit eines neu erstellten Werbetextes zu ermitteln, indem es ihn einer Zielstichprobe vorlegt.

Wie kann es die Vorliebe für diese Werbung messen? Natürlich durch die Messung der Augenvergrößerungsstufen des Publikums, nachdem es das überarbeitete Material gesehen hat.

An dieser Stelle ist es möglich, die nonverbalen Informationen aus dieser Maßnahme mit den verbalen Protokollen aus den Interviews zu kombinieren.

Da die mündlichen Antworten nicht als 100 % zuverlässig angesehen werden können, werden die Antworten, die nicht mit den Ergebnissen der Augenbefragung übereinstimmen, ausgeschlossen. In dieser Situation fungiert die Augenerweiterung also als Lügendetektor.

Dies zeigt, dass die nonverbale Kommunikation äußerst wichtig und entscheidend ist. Eine Person, die die Nuancen der Körpersprache versteht, ist immun gegen verbale Täuschung, weil sie in der Lage ist, zwischen der richtigen und der falschen Botschaft zu unterscheiden, wenn diese nicht übereinstimmen.

Die nonverbale Kommunikation offenbart die Überzeugungen und die Aufrichtigkeit des Kommunikators und offenbart seine unbewussten Emotionen und Gefühle.

Anhand der Körpersprache kann ein Zuhörer also die Authentizität der Botschaft beurteilen und entsprechend handeln. Ebenso kann ein Sprecher, der für die Interpretation der Körpersprache sensibilisiert ist, durch den Einsatz geeigneter Körperbewegungen, effektiver kommunizieren.

In manchen Situationen ist die Körpersprache der verbalen Kommunikation vorzuziehen.
Zum Beispiel kann ein Zuhörer während einer Diskussion die Hand heben, um die Aufmerksamkeit des Sprechers auf einen bestimmten Punkt zu lenken, was einfacher, unmittelbarer und bequemer ist, als die Aufmerksamkeit des Senders durch eine verbale Unterbrechung abzulenken.

Wenn ein älterer Mensch die Aufmerksamkeit eines naiven Kindes erregen will, das gerade auf eine stromführende, nicht isolierte Leitung tritt, kann er in die Hände klatschen und in Richtung der Leitung gestikulieren, um die Aufmerksamkeit des Kindes zu erregen und sich verständlich zu machen.

Oder wenn ein Arzt einen Patienten auf Körperschmerzen untersucht, indem er auf den Körper des Patienten drückt, erwartet er, dass der Patient durch Laute den Ort und die Intensität des Schmerzes angibt.

Echte Beziehungen entstehen daher, wenn die Kommunikation aufrichtig und emotional ist, d. h. wenn eine Kohärenz zwischen der verbalen Sprache und dem, was unser Körper mitteilt, besteht.

Körpersprache und Worte müssen Hand in Hand gehen, um eine Botschaft erfolgreich zu vermitteln. Da es unmöglich ist, die Körpersprache zu kontrollieren und zu manipulieren, ist dieser Kanal zuverlässiger als Worte.

"Wenn wir die wahren Absichten der anderen verstehen und ihre Seele kennen wollen, dürfen wir nicht auf das hören, was sie sagen, sondern müssen beobachten, was sie tun."

Francesco Alberoni

Kapitel 2

PARA LINGUISTISCHES UND EXTRA-LINGUISTISCHES SYSTEM

Je mehr wir uns darin üben, auf die Kleinigkeiten in unseren Gesprächen mit anderen zu achten, desto mehr wird uns bewusst, wie viele Dinge wir normalerweise übersehen. Viele Botschaften werden durch nonverbale Signale, den Tonfall und die Wahl der Worte vermittelt.

Vor allem, wenn andere Personen es vorziehen, sich nicht direkt zu äußern, oder sich nicht bewusst sind, was sie mitteilen, kann das Erkennen dieser Botschaften uns helfen, ihre Gedanken zu verstehen und eine gute Beziehung zu ihnen aufzubauen.

In vielen Fällen sind wir uns über die Bedeutung dessen, was zu uns gesagt wird, nicht im Klaren und reagieren daher nicht zum richtigen Zeitpunkt angemessen. Jeder hat schon einmal eine Kontroverse erlebt oder indirekt, im Nachhinein die Gefühle anderer gehört und verstanden. Leider nehmen wir uns selten die Zeit, uns mit solchen Themen auseinanderzusetzen.

Ich glaube, dass viele Menschen in Situationen, in denen sie nicht wissen, was sie sagen sollen, versuchen, schnell eine Antwort zu finden, indem sie logische Begriffe, leere Witze oder Provokationen verwenden oder sich zurückziehen, um Konflikte zu vermeiden. In solchen Fällen wäre es ganz anders, wenn man auf den eigenen Körper hören und die Botschaften wahrnehmen würde, die er vermittelt.

Wenn wir auf die Körperempfindungen hören und sie in Worte fassen, können wir das Problem erkennen und eine authentische Antwort finden. In der Hitze der Diskussion ist unsere Aufmerksamkeit jedoch nach außen gerichtet, wodurch es schwieriger wird, unsere leichten psychosomatischen Reaktionen zu erkennen.

Es wird oft gesagt, dass Selbstbeherrschung nutzlos ist und dass man sich entspannen und spontan sein muss. Spontane und automatische Reaktionen, die aus uns herauskommen, bevor wir sie durchdacht haben, sind jedoch oft erlernte Überlebensmechanismen und keine wahren und ehrlichen Reaktionen, die wirklich ausdrücken, was wir sind und wer wir sind.

Es ist wichtig zu lernen, in solchen Situationen nicht automatisch zu reagieren. Um uns selbst gegenüber authentisch zu sein, müssen wir uns Zeit geben, um die wahre Reaktion in unseren eigenen Gefühlen zu entdecken. Dies ist die Essenz der Spontaneität.

Einerseits haben wir in der Regel Angst davor, uns Zeit zu lassen und nicht sofort zu antworten, als ob wir gelernt hätten, damit zu rechnen, dass die andere Partei diese Zeit nutzen wird, um uns in der Kommunikation "auszustechen" und "zu übertrumpfen".

Stattdessen braucht die andere Person in vielen Situationen nicht nur keine Zeit, sondern durch die Äußerung, dass wir mehr Zeit brauchen, drücken wir implizit aus, dass uns das Ergebnis unserer Kommunikation wichtig ist und dass wir sorgfältig abwägen wollen, was gesagt wurde und was wir sagen werden, dass wir aufmerksam und präsent sind und mit echten Gefühlen reagieren.

Außerdem führt die Zeit, die wir uns nehmen, um über unsere Antwort nachzudenken, in vielen Fällen, in denen andere vorschnell und unangemessen sprechen, dazu, dass die andere Person ihr Verhalten überdenkt.

Jede Kommunikation mit dem anderen, einschließlich dessen, was wir sagen und wie wir es sagen, wirkt sich auf seine Haltung uns gegenüber und auf alle künftigen Gespräche aus, denn sie bestimmt den Grad des Vertrauens, das unser Gesprächspartner in uns setzt und damit seine Bereitschaft, sich weiter zu öffnen. Es ist leicht, sich in "spirituelle Welten" zu flüchten, aber wahre Spiritualität beginnt in unserem täglichen Gespräch.

Wir rufen oft aus: *"Ich habe alles getan, was ich konnte. Ich weiß nicht mehr, wie ich mit dieser Person kommunizieren soll!"*. Aber glauben Sie, dass dies wirklich der Fall ist?

Gibt es andere Dinge, die wir hätten sagen oder tun können, aber nicht den Willen, die Geduld oder den Mut dazu hatten? Oft bedeutet der

Ausdruck "alles, was ich tun konnte" stattdessen "alles, was ich erreichen konnte, ohne unnötige Risiken einzugehen oder mein Ego zu gefährden".

Ähnlich wie in unserer Beziehung zu uns selbst brauchen wir auch in der Beziehung zu anderen Geduld und Ausdauer.

Noch schwieriger ist es zu lernen, unsere Meinung mit Ehrlichkeit und Mitgefühl zu vertreten. Wenn wir dies jedoch verstehen, haben unsere Beziehungen eine Chance zu gedeihen.

MERKMALE UND REGELN DES SCHWEIGENS

In einer Welt des Chaos und der Verwirrung, die von Hupen, lauten Geräuschen und klingelnden Telefonen geprägt ist, kann die Stille eine entscheidende Rolle spielen. Stille ist auch eine Sprache, die gedeutet und verstanden werden muss.

In der Tat spielt sie eine entscheidende Rolle in jedem Diskurs und vermittelt manchmal mehr als Worte.

Es ist schwierig und verwirrend, Stille zu definieren: Einerseits gibt es völlige Stille und das Fehlen von wahrnehmbaren Geräuschen oder Stimmen. Andererseits kann Stille auch Gefühle wie Erstaunen, Entsetzen, Wut oder Apathie ausdrücken.

Die allgemein verbreitete Geste zum Zeichen der Stille besteht darin, den Zeigefinger vor die geschlossenen Lippen zu legen. Diese Geste kann verwendet werden, um um Ruhe zu bitten, ohne zu sprechen.

Sie kann in jedem Gespräch mehrere Funktionen haben und ihr bewusster Einsatz zeugt von Witz und Verständnis. Der Umgang mit ihr in einem Gespräch ist eine entscheidende Komponente der emotionalen Intelligenz.

Es ist bekannt, dass das Schweigen während eines Gesprächs die andere Person unter Druck setzt, zu sprechen, um die Kommunikationslücke zu schließen. Die meisten von uns empfinden Stille als unangenehm, es sei denn, wir sind mit einem engen Freund oder Ehepartner zusammen.

Bei Vorstellungsgesprächen hoffen Personalverantwortliche durch langes Schweigen, dass die Bewerber sich Luft machen, d. h. sagen, was sie nicht sagen wollten.

In der Tat gibt es einen unbewussten Impuls, die Diskussion in Gang zu halten.

Der Einfluss des Schweigens auf die Kommunikation ist von Kultur zu Kultur unterschiedlich. In einigen Ländern ist das Recht zu schweigen eine rechtliche Absicherung für Personen, die von der Polizei verhört oder vor Gericht gestellt werden.

Während Schweigen ein grundlegender Bestandteil der japanischen Kommunikationsfähigkeit ist, wird es von Amerikanern als peinliches Hindernis für eine Diskussion empfunden. Langes Schweigen kann sogar als unhöflich empfunden werden, so als ob die Weigerung, dem Gesprächspartner zu antworten, bedeutet, ihn zu ignorieren und das Schweigen als Waffe gegen das Unerwünschte einzusetzen.

Emotionen beeinflussen unser Schweigen: Wenn wir unter Wut, Angst oder Scham leiden, kann unser Denken blockiert sein und wir können vorübergehend nichts sagen oder sind so erschrocken, dass wir sprachlos sind. Manche Menschen werden von diesen Emotionen "überwältigt" und sind nicht in der Lage zu reagieren.

Andererseits kann Respekt auch durch Schweigen ausgedrückt werden.

Von einem Kind, das sich einem Erwachsenen oder einer Autoritätsperson nähert, wird erwartet, dass es schweigt, bis es erkannt, anerkannt und befragt wird.

Zu wissen, wann der richtige Zeitpunkt ist, um zu schweigen, ist eine Fähigkeit, die durch Übung erworben werden kann. Schweigen beim Sprechen kann das Ergebnis von Zögern, Selbstkorrektur oder absichtlicher Verlangsamung des Sprechens sein, um Klarheit zu schaffen oder Konzepte zu erläutern.Exzellente Kommunikatoren können vermeiden, dass sie zum Sprechen gezwungen werden, wenn

56

das Schweigen zur Manipulation von Gesprächen ausgenutzt wird. Erfolgreiche Menschen zeichnen sich durch ihre Fähigkeit aus, die Kunst der schönen Stille zu kultivieren.

Wir sollten lernen, das Schweigen anderer angemessen zu interpretieren; wir sollten verstehen, wie andere Kulturen damit umgehen und so unseren Umgang mit dem Schweigen vernünftig regulieren. Es ist wichtig, sich mit der Stille wohlzufühlen und sich ihrer vielen Anwendungen bewusst zu werden.

Nur sehr wenige Menschen wissen dies zu schätzen. Es ist jedoch wichtig, ihren Wert zu verstehen, denn sie ermöglicht es uns, unseren Geist von unnützen Informationen zu befreien.

In Wirklichkeit ist es nicht die Praxis der Stille, die es einem ermöglicht, diesen heiligen Ort zwischen Stille und Sprache zu erreichen, sondern vielmehr die Praxis der Achtsamkeit, die es einem ermöglicht, eine stabile und friedliche Stille zu erfahren.

Heute ist diese Stille zum wichtigsten Teil meines Seins geworden und das zeigt sich, wenn ich mit Menschen zusammenkomme, die Stille als unangenehm empfinden und betrachten. Sie werden oft unruhig und füllen die Stille mit leerem Geschwätz und Tratsch.

Das Sprichwort besagt, dass Reden nützlich ist, dass aber Schweigen zur rechten Zeit das Leben schöner macht.

SCHWEIGEN UND NONVERBALE KOMMUNIKATION IN BEZIEHUNGEN

Schweigen, gemeinhin als "Verleugnung" bezeichnet, ist die verheerendste und schmerzhafteste Form des verbalen Missbrauchs. Man könnte annehmen, dass verbale Worte notwendig sind, um missbräuchliches Verhalten zu definieren, doch Schweigen ist die tödlichste Waffe.

Die Person, an die sich das Schweigen richtet, kann das Gefühl haben, dass die Beziehung nicht funktioniert, da der Täter sich weigert, auf einer intimen Ebene Kontakt aufzunehmen, obwohl er die Möglichkeit zur Kommunikation hat. Das Schweigen ermöglicht es dem Täter, zu dominieren und Macht auszuüben und sein Idealbild aufrechtzuerhalten.

Intimität erfordert Einfühlungsvermögen. Zuhören, gehört werden und die Gedanken und Erfahrungen des anderen verstehen, ist empathisches Verstehen.

Intimität in einer Beziehung kann nicht erreicht werden, wenn ein Partner nicht in der Lage ist, sich selbst mitzuteilen und nicht bereit ist, den anderen empathisch zu unterstützen. Das Ziel, Gefühle zu verstehen und/oder mitzuteilen, ist die Basis, von der beide Parteien ausgehen müssen; eine Person allein kann keine Intimität in einer Beziehung erzeugen.

Schweigen spricht lauter als Worte und verursacht ebenso viel emotionalen Schaden wie harte Worte. Nicht zu kommunizieren bedeutet, alle Gefühle, Gedanken, Hoffnungen und Träume für sich zu behalten, sich vom anderen zu distanzieren, so wenig wie möglich preiszugeben und eine Haltung der kalten Gleichgültigkeit, Kontrolle und Macht aufrechtzuerhalten.

Die Folgen von Beschimpfungen können in ihrer Intensität, Tiefe und Tragweite variieren. Jede Beschimpfung hat jedoch Auswirkungen auf die Selbstwahrnehmung, das emotionale Wohlbefinden und die geistige Kraft des Betroffenen.

Verbaler Missbrauch raubt Freude und Lebenskraft durch die Verzerrung der Realität, da die Reaktion des Täters oft in keinem Zusammenhang mit der Rede des Senders steht.

Zu den wichtigsten Folgen von Beschimpfungen gehören unter anderem:

- Seien Sie vorsichtig mit Ihrer eigenen Spontaneität;

- Zweifel an den eigenen Wahrnehmungen;

- Sie zögern, Schlussfolgerungen zu ziehen;

- Sich ständig in einem Zustand der Wachsamkeit befinden;

- Unsicherheit über die eigene Wirkung auf andere;

- Der Glaube: "Mit mir stimmt etwas nicht";

- Grübeln Sie über Situationen nach, um herauszufinden, was falsch gelaufen ist;

- Verlust des Selbstbewusstseins;

- Erleben Sie Verwirrung beim Nachdenken über sich selbst;

- Sich frustriert/ängstlich fühlen;

- Sich selbst gegenüber besonders kritisch sein;

- Das Glück zu verlieren, ohne dass man weiß, warum;
- Angst oder Furcht, "verrückt" zu werden;

- Angst, "schuld" zu sein;

- Ein Gefühl der Demütigung/Scham/Schuld über die eigene Situation;

- Erkennen Sie, dass die Zeit vergeht, ohne dass die Dinge besser werden;

- Sie glauben: "*Alles wäre besser, wenn ich alles an mir ändern könnte*";

- Sie verspüren einen starken Drang zu fliehen, einschließlich Gedanken an Selbstmord;

- Die Überzeugung, dass alles schief gehen muss: "*Verdammt sei ich, wenn ich es tue, verdammt bin ich, wenn ich es nicht tue*";

- Konzentration auf die Zukunft und nie auf die Gegenwart: "*Alles wird gut, wenn/wenn/nach...*".

- Misstrauen gegenüber Beziehungen im Allgemeinen, insbesondere mit dem Geschlecht des Missbrauchers.

Missbrauchstäter leugnen ihr schädliches Verhalten in der Regel vollständig. Die größte Tragödie in einer verbal missbrauchenden Beziehung besteht daher darin, dass der Täter die Versuche des Opfers zur Versöhnung, zum gegenseitigen Verständnis und zur Annäherung zurückweist und sie als feindselig und unmotiviert empfindet.

Diese Ablehnung hängt von seiner Schwäche und seiner Unfähigkeit ab, eine verletzliche Position einzunehmen, um einen fairen Austausch zu schaffen.

Die harte Realität ist, dass es schwierig ist, die Situation zu ändern, wenn man sich in einer verbal missbrauchenden Beziehung befindet.

Eine weitere soziale Situation, in der der kommunikative Austausch eine Schlüsselrolle spielt, ist die Ehe. Ohne klare und präzise Kommunikation ist es nicht leicht, die Wünsche des anderen zu verstehen.

Auch hier erinnere ich an die Schlüsselrolle, die die Körpersprache und Momente der Stille spielen.

Bei der Interaktion und Konversation mit einer anderen Person achtet das Unterbewusstsein in 80 Prozent der Fälle auf den Tonfall und die Körpersprache, während nur 20 Prozent der Zeit auf die tatsächlichen Worte achten. Um Körpersprache und nonverbale Kommunikation richtig zu deuten, ist soziale Intelligenz erforderlich.

Glücklich verheiratete Paare können die Gedanken des anderen lesen, indem sie sich einfach nur ansehen. Worte sind nicht notwendig, um zu kommunizieren. Wir sind der Ansicht, dass Worte als Symbole dienen, um etwas zu beschreiben, das wir uns in unserem Kopf vorgestellt haben.

Es ist von Vorteil, wenn man sich in einer Ehe genügend Zeit für das Schweigen nimmt. Im Allgemeinen gilt: Je länger ein Paar zusammen ist, desto weniger hat es sich zu sagen. Wenn man zehn oder zwanzig Jahre mit jemandem zusammen ist, hat man sich wahrscheinlich nicht jeden Tag etwas Neues zu sagen.

Das Schweigen des Partners zu respektieren, ist der Schlüssel zu einer erfolgreichen Ehe. Ich spreche nicht von einer Stille, in der man sich gegenseitig ignoriert. Ich meine die Art von Stille, in der man bequem und ruhig mit seinem Partner zusammensitzen und die Stille schätzen kann.

Wenn Sie nicht schweigend mit Ihrem Ehepartner oder Partner zusammensitzen können, ohne sich unwohl zu fühlen, bedeutet das, dass es in Ihrer Beziehung noch viel zu tun gibt. Sie haben nicht gelernt, gut zu kommunizieren, insbesondere auf der nonverbalen Ebene.

Üben Sie dies von Zeit zu Zeit und lernen Sie, sich gegenseitig anzustarren. Am Anfang wird es Ihnen seltsam vorkommen, aber mit der Zeit werden Sie die wahren Vorteile dieser Praxis erkennen.

"Die nonverbale Sprache könnte man als eine Methode der stillen Überredung bezeichnen.

Richard J. Bowerman

U m die nonverbale Kommunikation vollständig und genau zu

verstehen, muss sie zunächst klassifiziert werden. Die Kategorien der Körpersprache lauten wie folgt:

- Kinesik, Gestik und Mimik (einschließlich Lächeln).

- Aptica.

- Deiktik, Proxemik und räumliche Sprache.

- Paralinguismus und Vokalismus.

- Gebärdensprache.

- Geruchssignale.

- Zeitmessung.

In diesem Kapitel wird versucht, einige der oben genannten Arten der nonverbalen Sprache zu erörtern.

Kinesics

Sie ist die Lehre von der Körpersprache und ihren Interpretationen. Die Körpersprache, oft als direkte Reaktion des limbischen Systems des Gehirns bezeichnet, ist eine unbewusste Aktivität, die die meisten Menschen nicht kontrollieren können.

Nur Beobachter bemerken die Körpersprache anderer, aber diejenigen, die sie anwenden, tun dies oft unbewusst.

In der Vergangenheit war die Körpersprache eine wirksame Überlebens- und Werbestrategie. Das gilt auch heute noch, denn unsere Körpersprache spiegelt direkt wider, wie wir uns fühlen und wie wir glauben, dass andere über uns denken.

Frauen, die die Aufmerksamkeit von Männern auf sich ziehen wollen, verwenden unbewusst eine flirtende Körpersprache, um das männliche Geschlecht zu ermutigen, sich ihnen zu nähern.

Dieses Verhalten kann als unbekümmertes Verhalten, das darauf abzielt, Begehrlichkeiten zu wecken, oder als wohlwollende Geste ohne sexuelle Spannung inszeniert und/oder interpretiert werden.

Das Kreuzen der Beine, das Zurückstreichen der Haare hinter die Ohren, um Nacken und Schultern freizulegen, und das Lockern der Kleidung, um mehr Haut zu zeigen, können auf einen Flirtversuch hinweisen.

Sexuelle Körpersprache kann eine Ermutigung sein, die Initiative zu ergreifen. Eine Frau, die sexuell bereit ist, überlässt vielleicht dem Mann den ersten Schritt. Dies ist ein Schutzmechanismus, der verhindern soll, dass die Frau dumm dasteht, falls der Mann ihre Bitte ablehnt.

Das Lecken der Lippen, das Auftragen von Lippenstift und langsames Essen können Männer erregen. Eine stärkere sexuelle Einladung, wie das Lutschen an einem Eis oder der Biss in eine Banane, macht ihn geil.

Welches Verhalten zeigt ein angezogener Mann stattdessen? Wenn ein Mann sich zu einer Frau hingezogen fühlt und sie im Bett begehrt, wird er gereizt und stimuliert, indem er in aller Ruhe einen runden, feuchten Gegenstand wie die Spitze eines Glases streichelt.

Die Körpersprache ist seit Anbeginn der Zeit ein zuverlässiges Kommunikationsmittel.

Vor der Erfindung von Sprachen kommunizierten alle Menschen mit Hilfe der Körpersprache, um ihre Wünsche und Gedanken auszudrücken.

Leider hat sich die Fähigkeit der Menschen, die Körpersprache zu deuten, mit zunehmender Reife verschlechtert, da der verbalen Kommunikation mehr Bedeutung beigemessen wurde.

Manche Menschen sind jedoch sehr geschickt im Lesen und Manipulieren von Körpersprache.

Auch Mütter und Kinder beginnen ihre erste Kommunikation über die Körpersprache. Säuglinge sind insbesondere in der Lage, die Anspannung, Freude und Wut in den Gesichtern und der Körpersprache der Menschen zu beobachten und zu deuten. Auf diese Weise erkennen sie, wer sie liebt und wer sie nicht mag.

Die Körpersprache lässt sich nur schwer verbergen und ist wahrscheinlich der echteste und genaueste Indikator für unsere Gefühle.

Es gibt jedoch einige Frauen, die Schelmischen, die in der Lage sind, eine falsche Körpersprache zu imitieren, um ihre sexuelle Anziehungskraft auszunutzen und indirekt die Männer auszunutzen.

Die Kinesik ist also die Lehre von den Körperbewegungen, die durch Muskel- und Skelettveränderungen beeinflusst werden und etwas bewusst oder unwillkürlich ausdrücken. Sie ist eine Wissenschaft, die alle Körperbewegungen, Reflexe, Körperhaltung, Mimik und Gestik untersucht.

Ekman und Friesen unterteilten die Bewegungslehre in die folgenden fünf Unterkategorien:

- Embleme sind nonverbale Zeichen, die direkt verbal interpretiert werden können, wie z. B. der erhobene Daumen als Zeichen für OK, Zeige- und Mittelfinger der rechten Hand, die ein V bilden, das den Sieg anzeigt, usw.

- Veranschaulichende Gesten sind Gesten, die gleichzeitig mit gesprochenen Worten ausgeführt werden, um das Konzept zu verdeutlichen. Ein Beispiel: Ein Fremder zeigt mit dem Finger in eine bestimmte Richtung, wenn er nach dem Weg zu einem bestimmten Ort gefragt wird.

- Einige Gesten verraten innere Gefühle, wie z. B. eine geballte Faust, die Wut oder Verteidigung andeutet, eine gebückte Haltung, die Unterwerfung zeigt, und ein gesenkter Kopf, der Verzweiflung anzeigt.

- Regulatorische Gesten sind jene Äußerungen, die den Kommunikationsfluss regulieren. Wenn beispielsweise das letzte Wort laut und nachdrücklich gesprochen wird, ist es Zeit, dass die andere Person spricht. In ähnlicher Weise weisen entsprechende Signale den Gesprächspartner darauf hin, langsamer oder schneller zu sprechen, aufzuhören, lauter zu sprechen usw.

- Adapter sind die Körperbewegungen, mit denen auf einen bestimmten Umstand reagiert wird. Ein gelangweiltes Kind zum Beispiel wackelt mit den Zehen, um der Langeweile entgegenzuwirken, die es eine Zeit lang aushalten muss.

PARALINGUISMUS UND VOKALISMUS

Paralinguismus, auch bekannt als Vokalismus, bezieht sich auf die Bedeutungsveränderungen, die sich aus der Betonung einzelner Wörter, dem Tonfall, der Intonation, dem Rhythmus, der Lautstärke, den Satzunterbrechungen und der Geschwindigkeit der Äußerung ergeben.

Die folgende Aussage sollte zum Beispiel so gelesen werden, dass der Akzent von einem Wort zum anderen verschoben wird.

1. Ich besuche einen MBA-Studiengang in Hyderabad: Die Betonung auf "ich" im ersten Satz könnte bedeuten, dass ich mich von den anderen abhebe und dass ich der einzige MBA-Student in Hyderabad bin.

2. Ich besuche einen MBA-Studiengang in Hyderabad: Die Betonung des Wortes "ich bin" soll einen Zustand der Aktivität verneinen.

3. Ich besuche einen MBA-Studiengang in Hyderabad: Die Betonung des Verbs "besuchen" zeigt an, dass ich mich auf den MBA-Studiengang konzentriere und damit andere mögliche Aktivitäten ausschließe.

4. Ich mache einen MBA in Hyderabad: Die Betonung auf MBA soll die Exzellenz des Programms hervorheben.

5. Ich besuche einen MBA-Studiengang in Hyderabad: Die Betonung des letzten Wortes weist auf die Besonderheit des Programms hin, das sich von allen anderen abhebt.

Die Parasprache setzt sich aus vielen Elementen zusammen, darunter Intonation, Tonfall, Beugung, Lautstärke, Rhythmus und Artikulation.

- Die Tonhöhe ist allgemein bekannt als die Frequenz, der von einem Sänger abgegebenen Note. Die Stimmbänder sind klein und bei tiefen Tönen zusammengezogen, während sie bei hohen Tönen lang und entspannt sind.

- Der Tonfall drückt die Haltung des Sprechers aus. Er kann direkt, eindringlich, harsch, verächtlich, freundlich, beruhigend, rau, heiser usw. sein. Im Allgemeinen verwendet eine Person einen hohen Ton, wenn sie angespannt ist und einen tiefen Ton, wenn sie ruhig ist. Wenn jemand nervös und unglaublich aufgeregt ist, nimmt er den höheren Tonfall an. Wenn er ernst ist, verwendet er den tieferen Ton.

- Unter Flexion versteht man die Variation der Vokale, die verwendet wird, um wichtige Wörter oder Sätze zu betonen oder zu verlängern oder um vor einem Wort eine Pause zu machen.

- Das Volumen der Stimme ist ihre Intensität oder Sanftheit. Die Lautstärke variiert je nach den Umständen. Zum Beispiel sollte ein Untergebener vor einem Vorgesetzten leise sprechen, aber laut bei einer Personalbesprechung.

- Auch die Geschwindigkeit ist ein Bestandteil der Parasprache. Eine schnelle Äußerung deutet auf Eifer oder Eile hin, während eine langsame Äußerung Ruhe oder Überlegung signalisiert. Auch Pausen und Stottern sind Elemente der Parasprache, die die Kommunikation beeinflussen.

GEBÄRDENSPRACHE

Die Gebärdensprache umfasst Schilder an Flughäfen, Bahnhöfen, Bushaltestellen, Straßenschilder an Autobahnen, die auf verschiedene

Einrichtungen für Passagiere hinweisen, Anweisungen zum Ein- und Auschecken, Warnungen, die in bestimmten Bereichen zu beachten sind, Stationen auf dem Weg, Kurven, Brücken und die Geschwindigkeit, die an bestimmten Stellen einzuhalten ist, usw.

Die Gebärdensprache umfasst auch Zeichen, die mit den Fingern und Händen gemacht werden, z. B. Daumen hoch, Daumen runter, mit Mittel- und Zeigefinger ein "V" machen und winken, um einen Freund am Bahnhof oder Busbahnhof zu begrüßen.

ZEITMESSUNG

Zeitmessung ist die Lehre von der Zeit. Wenn Sie pünktlich zu einem Termin erscheinen, zeigen Sie, dass Sie ernsthaft und diszipliniert sind.

Es könnte aber auch bedeuten, dass Sie keine anderen Verpflichtungen haben oder dass Sie eine Stufe unter der Person stehen, mit der Sie verabredet sind.

Selbst bei der Untersuchung der Zeit ist ein kultureller Einfluss festzustellen.

In Indien halten sich die Politiker nicht an die von ihnen festgelegten Termine, was darauf hindeutet, dass ihnen viele Themen am Herzen liegen und sie ihre Machtposition unterstreichen. In den Vereinigten

Staaten oder in Europa wird das Versäumen eines Termins, vor allem im Geschäftsleben, so ernst genommen, dass man die weitere Zusammenarbeit mit demselben Gesprächspartner vergessen kann.

Das Einhalten von Terminen und Fristen vermittelt Status und Aufrichtigkeit.

Das ständige Verpassen von Terminen und Fristen deutet auf mangelnde Disziplin, Desorganisation und Desinteresse an der Sache hin. Der Punkt ist, dass eingehaltene oder nicht eingehaltene Zeit eine bestimmte Bedeutung hat, auch wenn sie nicht verbal kommuniziert wird.

"Wir alle werden durch diese vier Arten der Interaktion bewertet und klassifiziert: was wir tun, wie wir aussehen, was wir sagen und wie wir es sagen."

Dale Carnegie

Kapitel 4

GESICHTSMIMIK, AUSDRÜCKE, LÄCHELZEICHEN

W enn sich Menschen zum ersten Mal in einem Arbeitskontext treffen, können wir typische Verhaltensweisen erkennen. Hier sind einige Beispiele:

- Auf der vorderen Kante des Sitzes sitzen: ein Zeichen von Anspannung oder Angst;

- Ständiges Wechseln der Positionen: deutet auf einen ängstlichen und unruhigen oder ungeduldigen Zustand hin;

- Zusammenhalten der Hände: bezieht sich immer auf ein Gefühl der Angst;

- Offene und entspannte Hände hingegen zeigen, dass man die Situation vollständig unter Kontrolle hat;

- Überschüssige körperliche Energie;

- Fassen Sie die Armlehnen des Stuhls fester an, das deutet auf Verspannungen und den Bedarf an Unterstützung hin.

Hier sind jedoch einige Erkenntnisse, die sich im Laufe der Forschung herauskristallisiert haben. Sie können ein guter Ausgangspunkt für die Beeinflussung der eigenen Körpersprache oder für die Interpretation der Körpersprache anderer sein:

- Wie bereits berichtet, verbessern nach dem Mehrabianischen Unmittelbarkeitsprinzip eine offene Körper- und Armhaltung, eine entspannte Vorwärtsbeugung und körperlicher Kontakt die wahrgenommene Sympathie. Menschen, die versuchen, andere zu beeinflussen, verwenden häufig diese Gesten.

- Menschen, die sich durch eine Autoritätsposition auszeichnen, haben eine entspanntere Körperhaltung.

- O'Connor fand heraus, dass wahrgenommene Führer in kleinen Gruppen mehr gestikulieren.

- Anführer machen mehr Arm- und Schulterbewegungen. Um in einem Gruppenkontext angenehm zu erscheinen, ahmen die Anhänger diese Bewegungen nach.

- Nach Untersuchungen von Ekman und Friesen drücken Füße und Beine oft echte Gefühle aus. Die Kontrolle der Mimik ist eine Fähigkeit, die von Lügnern entwickelt wurde.

- Die Berater ahmen die Körperbewegungen ihrer Klienten nach, um freundlich und nah zu wirken. Ziel ist es, die Klienten zu ermutigen, ihre Persönlichkeit sowie ihre Ziele und Wünsche zu offenbaren, was für eine wirksame Beratung entscheidend ist.

- Nach Albert Mehrabian drücken diejenigen, die eine untergeordnete Rolle einnehmen, dies durch Senken des Kopfes aus, während diejenigen, die eine dominante Rolle einnehmen, dies durch Heben des Kopfes demonstrieren.

GESICHTSAUSDRÜCKE

Die Augen, der Mund und das Gesicht sind die drei Bestandteile der Mimik. Um verschiedene Bedeutungen, Emotionen oder Gefühle darzustellen, schauen oder starren die Augen, während die Lippen ein Lächeln erzeugen oder die Mundwinkel nach unten oder oben ziehen. Das Gesicht verändert seine Form oder seine Bewegungen auf verschiedene Weise, um unterschiedliche Botschaften zu vermitteln.

Wir haben mehr als 80 Gesichtsmuskeln, die mehr als 7000 Ausdrücke erzeugen. Demond W. Evany identifiziert die folgenden Elemente der Mimik:

- Stirnrunzeln nach oben und nach unten;

- Augenbrauen: gewölbt oder gefurcht;

- Augenlider: Öffnen, Schließen und Zusammenziehen;

- Pupillen: geweitet oder verengt;

- Blick: aufwärts, abwärts, starrer Blick, Vermeidung von Blickkontakt;

- Nase: geweitete oder verengte Nasenlöcher;

- Gesichtsmuskeln: nach oben oder unten gezogen, um mit den Zähnen zu knirschen oder zu pressen;

- Lippen: lächelnd, aufgesetzt, gezogen;

- Mund: weit geöffnet, geschlossen oder teilweise geöffnet;

- Lecken Sie mit der Zunge über die Lippen oder bewegen Sie sich im Inneren der Wangen;

- Kinn und Kiefer: nach vorne und unten gedrückt;

- Kopf: zurückgeworfen, zur Seite geneigt, nach unten hängend, mit zusammengezogenem und nach oben geneigtem Kinn.

Es gibt hauptsächlich sechs Gesichtsausdrücke, die universell sind und in allen Zivilisationen vorkommen.

- Zu den Ausdrucksformen des Glücks gehören große Augen, breites Lächeln und hochgezogene Wangen.

- Der Ausdruck des Ekels besteht aus einer gerunzelten Nase, gesenkten Augen und Augenbrauen und einer hochgezogenen Oberlippe.

- Die gewölbten Augen und der offene Mund deuten auf Angst hin.

- Die Kombination aus gesenkten Augenbrauen und direktem Blick deutet auf <u>Ärger </u>hin.

- Zu den Ausdrucksformen der <u>Überraschung </u>gehören eine hochgezogene Augenbraue, große Augen und ein offener Mund.

- Der Ausdruck der <u>Traurigkeit </u>ist dadurch gekennzeichnet, dass die inneren Augenwinkel und die Augenbrauen hochgezogen sind, während die Mundwinkel nach unten gebogen sind. An den Lippen ist ein Zittern zu erkennen.

Zunächst werden wir die Rolle der Augen in der Kommunikation erörtern.

Die Literatur ist voll von Begriffen, die - auch im übertragenen Sinne - die durch den Blick ausgedrückten Gefühle beschreiben. Einige Beispiele: schmelzende Augen, stählerne Augen, durchdringende Augen, brennende Augen, einfangende Augen, usw.

Die Augen, deren Form durch die Bewegung des umgebenden Gesichts auf verschiedene Weise verändert werden kann, können verschiedene Gefühle und Botschaften vermitteln.

Julius Fast zufolge ist es anstößig, Menschen anzuschauen. Unser Blick sollte ausschließlich unbelebten Objekten vorbehalten sein. Zu den "Nicht-Personen" gehören Museumsaussteller, Zootiere, Diener, Kinder, Künstler, wenn sie auf der Bühne stehen, usw.

Im Folgenden werden einige interessante Erkenntnisse im Zusammenhang mit den Augen und dem Blick vorgestellt:

- Wenn wir uns für etwas interessieren, verlangsamt sich unser Blinzeln und unsere Pupillen weiten sich.

- Nach Argyle und Dean schafft der Blickkontakt Interaktion und Verpflichtung.

- Diejenigen, die am Tisch mehr Gelegenheit zum Blickkontakt haben, werden mit größerer Wahrscheinlichkeit zu Führungskräften.

- Wenn Menschen in einem Kreis sitzen, unterhalten sie sich eher mit denen, die vor ihnen sitzen, als mit denen, die an der Seite sitzen, weil sie dann eher Blickkontakt haben.

Verschiedene Arten von Blicken können unterschiedliche Bedeutungen haben: Liebe, Hass, Missachtung, Respekt, Vertrauen, Unehrlichkeit und Konzentration.

Das Lächeln ist eine gängige und intuitive Form der Kommunikation. Es vermittelt Freude, Kontaktanreiz, Wohlwollen und kann auch als Zeichen der Begrüßung verwendet werden. Es gibt exklusive Programme, die darauf abzielen, dem Personal, das in direktem

Kontakt mit der Öffentlichkeit und den Kunden steht, ein Lächeln beizubringen.

Diese Ausbildung macht sich vor allem in bürokratischen Organisationen bemerkbar, wie z. B. in Unternehmen des öffentlichen Sektors, die einem zunehmenden Wettbewerb mit globalen Unternehmen ausgesetzt sind, die sich im Umgang mit ihren Kunden auszeichnen.

Obwohl die allgemeine Wahrnehmung eines Lächelns positiv ist, kann das Lächeln auch negative Formen und unangenehme Untertöne annehmen. Professor Asha Kaul hat drei Arten von Lächeln beschrieben (Kaul, Asha, Business Communication, Tenth Print, Prentice Hall of India, New Delhi, 2004, S. 86-88): herzlich, unglücklich, falsch.

- Ein von Herzen kommendes Lächeln ist echt und eine Demonstration der Dankbarkeit, an der auch die Augen beteiligt sind. Auch wenn der Mund geschlossen ist, sind die Lippen und Mundwinkel nach oben gerichtet. Eine andere Art von echtem Lächeln bei einer angenehmen Begegnung oder Begrüßung ist das gleichzeitige Entblößen der oberen Zähne und der Blickkontakt.

Die dritte Art des echten Lächelns wird von einem Lachen begleitet und kann z. B. durch einen Witz entstehen. Dieses Lächeln wird immer breiter, bis es in ein ausgelassenes Lachen ausbricht.

- Das <u>unglückliche Lächeln</u> hingegen ist dadurch gekennzeichnet, dass nur die Hälfte des Mundes bewegt wird und drückt Unzufriedenheit und Enttäuschung aus. Es ist das Ergebnis der erzwungenen Verheimlichung vieler Emotionen.

- Das <u>falsche Lächeln</u> schließlich ist sardonisch, beschränkt sich auf die Lippen und zeichnet sich durch ein leichtes Anheben des Mundes aus.

DRAMATISCHE INTERPRETATION DER LEITLINIEN FÜR DIE MIMIK

In jeder Situation ist die Mimik entscheidend. Die meisten emotionalen Verbindungen und der Austausch erfolgen über das Gesicht und sind daher mehr auf die Mimik als auf Worte angewiesen.

Wir drücken unsere Gefühle aus und teilen sie anderen durch unsere Augen und die Kontraktionen unserer Gesichtsmuskeln mit. Unser Gesicht kann entweder unser Wesen offenbaren oder als Maske dienen.

Aus diesem Grund müssen besondere Vorsichtsmaßnahmen getroffen werden, wenn wir Gesichtsausdrücke für eine dramatische Interpretation "kreieren":

- Seien Sie nicht hölzern. Du kannst dich in mehrere Charaktere mit unterschiedlichen Emotionen verwandeln, aber lass dein Gesicht nicht hängen. Wenn Ihre Figur deprimiert ist, müssen Sie diese Emotion vermitteln. Alle Figuren müssen ihre Emotionen zum Ausdruck bringen, egal wie kurz ihre Rolle oder ihr Text auch sein mag.

- Übertreiben Sie es nicht. Genauso wie man nie emotionslos sein sollte, wäre ein übertriebener Gesichtsausdruck komisch und unaufrichtig. Sie spielen nicht in einem Theater mit 300 Plätzen, wo der Balkon die Mimik beobachten kann.

Seien Sie deprimiert, aber es ist nicht notwendig, mit jeder Faser und jedem Tränenkanal zu weinen und damit ein Melodrama zu schaffen.

- Lassen Sie nicht zu, dass Tränen Ihren Auftritt beeinträchtigen. Emotionen haben die Macht, unverständlich zu werden; wenn wir zum Beispiel von Schluchzern ergriffen sind, können wir kaum sprechen.

Auch wenn wir uns tatsächlich so verhalten, wenn wir schluchzen, heißt das nicht, dass Sie sich auch so verhalten sollten.

Die Menschen müssen in der Lage sein, zu verstehen, was Sie sagen. Es gibt selten einen legitimen Grund, sich so verzweifelt zu verhalten: Niemand ist daran interessiert, zu sehen, wie Sie es schaffen, Ihr Gesicht zu verziehen.

Wenn man am Ende weint, hat man Tränen auf den Wangen; das kann aus zwei Gründen problematisch sein:

Erstens, wenn man jetzt eine Figur hat, die weinerlich und hysterisch ist und später jemanden spielen muss, der glücklich und fröhlich ist, wird es schwierig sein, die Tränen zu verbergen, was ein störendes Element in der Vorstellung wäre.

Zweitens, was würde passieren, wenn man keine Zeit hätte, die Tränen zu trocknen? Mit feuchter Haut und feuchten Wimpern wird die Wimperntusche verlaufen.

Ein weiterer Ratschlag: Wenn Sie eine Figur mit einem einzigartigen Unterscheidungsmerkmal haben, verwenden Sie das gleiche Unterscheidungsmerkmal NICHT für eine andere Figur.

Die dramatische Interpretation ist auch ein interpretatives Ereignis und die Charakterisierung ist ein wesentlicher Teil Ihrer Partitur; wenn Sie also ein Unterscheidungsmerkmal allgemeingültig machen, führt das dazu, dass Sie Ihre Charakterisierung abschwächen, es sei denn, Sie imitieren sie absichtlich.

In der dramatischen Interpretation kann die Mimik das Publikum effektiv mit den Figuren und der Handlung verbinden.

Menschen sind in der Regel mitfühlend und kümmern sich um eine Figur, zu der sie Vertrauen haben.

Das Geheimnis besteht darin, das Gleichgewicht zwischen Karikatur und Nicht-Ausdruck zu verstehen. Seien Sie aufrichtig und verzichten Sie darauf, einen Blick vorzutäuschen; Ihre Gesichtszüge werden jedes Publikum für sich gewinnen.

GLAUBWÜRDIGE MIMIK ERZEUGEN

Für einen Schauspieler ist es eine schwierige Aufgabe, sich die Vielfalt und die Kraft des Gesichts zunutze zu machen.

Es gibt jedoch Methoden, mit denen das Gehirn dazu gebracht werden kann, glaubwürdige Emotionen im Gesicht zu erzeugen.

John Sudol, ein Schauspiellehrer aus Los Angeles, sagt: "Die meisten Menschen sind in der Lage, Mimik zu entziffern.

Wir können die kleinen Signale im Gesicht erkennen, die auf die Angst, Traurigkeit oder Irritation eines Freundes hinweisen, aber die Interpretation ist das, was einen Schauspieler auszeichnet, der vor der Kamera arbeitet.

John hat ein progressives System entwickelt, das er die *Sprache des Gesichts* nennt und das auf der Studie des Psychologen Paul Ekman über Emotionen und seinem Facial Action Coding System (FACS) basiert. Er lehrt die Schauspieler, sich ihrer Mimik voll bewusst zu sein und sie in Einklang mit ihrer inneren emotionalen Verfassung zu bringen.

Wenn der Schauspieler sich der Alternativen bewusst ist, kann er intelligente Entscheidungen treffen, die zu Charakteren mit Tiefe, Sinn und Glaubwürdigkeit führen.

Man könnte das Gesicht als das Theater des Gehirns betrachten, denn hier werden unsere inneren Gedanken und Gefühle je nach Anlass und Entscheidung der Öffentlichkeit offenbart oder verborgen.

Das Thema der Mimik stellt den Dolmetscher vor viele Schwierigkeiten. Die wichtigste Frage ist: Wessen Verhalten beobachten wir? Sind es die Gefühle des Darstellers? Oder ist es der Schauspieler, der den Willen, die Ziele und die Gefühle der Figur zum Ausdruck bringt?

Die Augen sind das auffälligste Merkmal des Gesichts. Zusammen mit der Nase, dem Mund und dem Kinn verrät das Gesicht mehr als jeder andere Teil des Körpers. Das Gesicht ist unsere Identität und die Art und Weise, wie wir andere identifizieren. In der Tat ist jedes Muster von Gesichtszügen einzigartig.

Doch trotz dieser Besonderheiten sind emotionale Reaktionen auf eine grundlegende, nicht verbale Weise universell, die wir alle teilen. Veränderungen der Augenlider, der Stirn, der Augenbrauen, der Nase, der Lippen, des Kinns und der Haut verraten wichtige Informationen über unseren Charakter, unsere Einstellung, unsere Persönlichkeit, unsere Absichten und unsere Gefühle.

Einige Gefühlsregungen, darunter Freude, Wut, Ekel, Angst, Traurigkeit und Überraschung, haben eine universelle Sprache, die in allen Kulturen verbreitet ist. Das bedeutet, dass einige

Gesichtsausdrücke von Emotionen nicht erworben, sondern angeboren sind.

Das Gesicht ist aufgrund seiner unglaublichen Bandbreite und Ausdruckskraft ein fesselndes Bild. Für den Schauspieler, insbesondere in Film und Fernsehen, steht das Gesicht im Mittelpunkt der meisten dramatischen Szenen. Augen, Augenbrauen, Nase und Lippen bestimmen die Richtung der Szene und ihrer Handlungen.

Der Psychologe Paul Ekman untersuchte Schauspieler, die darin geübt waren, sich an Emotionen zu erinnern und sie zu vermitteln und die trainiert waren, sich körperlich in die Rollen zu verwandeln, die sie darstellten. Wenn sie angewiesen wurden, bestimmte Gesichtsausdrücke zu erzeugen, gaben diese Schauspieler an, die entsprechende Emotion zu fühlen.

Darüber hinaus haben sich auch bestimmte Körperindizien wie Herzfrequenz, Atmung und Hauttemperatur verändert. Es besteht also ein eindeutiger Zusammenhang zwischen der Erzeugung eines Ausdrucks und dem Empfinden einer Empfindung und umgekehrt. Die Emotion dient als Impuls für den Ausdruck. Dasselbe gilt für die Absichten des Schauspielers: Die Mimik vermittelt in der Regel die Wünsche der Figur.

Eine andere Studie unter der Leitung des Psychologen Robert B. Zajonc legt einen Zusammenhang zwischen der Mimik und biologischen Prozessen nahe, die den Blutfluss, die Temperatur und das chemische Milieu im Gehirn verändern.

Ihm zufolge kann die Chemie unseres zerebralen Blutflusses auf unsere Emotionen reagieren und die Muskelbewegung unserer Mimik unterstützt diese Regulierung. Tatsächlich werden bestimmte Venen vorübergehend verengt oder geweitet, je nachdem, was wir fühlen und ausdrücken.

Die Muskeln, die beim Lachen eingesetzt werden, erhöhen beispielsweise die Durchblutung und die Sauerstoffversorgung des Gehirns, wodurch ein Gefühl der Vitalität entsteht.

Im Gegensatz dazu versteifen sich viele Muskeln bei Melancholie, was die Durchblutung einschränkt, weniger Sauerstoff für das Gewebe produziert und wichtige Aktivitäten reduziert.

Die Mimik kann Emotionen hervorrufen, aufrechterhalten und auch vermitteln. Daher ist es ebenso denkbar, dass bestimmte Gesichtsausdrücke eine Emotion fördern, wie es auch möglich ist, dass Gefühle dies tun. Wenn man das eine verhindert oder verleugnet, verliert das andere seine Wirkung.

Emotionen und Absichten können auf zwei Arten mitgeteilt werden:

mit bewusster Absicht oder spontan.

Diese beiden Funktionen werden von zwei verschiedenen Nervenbahnen gesteuert, die im Gehirn beginnen und Anweisungen an die Gesichtsmuskeln senden.

Die willkürliche Nervenbahn hat ihren Ursprung in der Großhirnrinde, während die spontane Nervenbahn ihren Ursprung im limbischen System hat, einem primitiveren Teil des Gehirns, der unterhalb der Großhirnrinde liegt.

Der Spontanweg leitet den Menschen von Geburt an, es ist eine natürliche Reaktion, bei der die Folgen unserer Äußerungen nicht bewertet werden, Wünsche und Emotionen steuern uns absolut. Wenn wir jedoch älter werden, lernen wir, unsere Gesichtsmuskeln zu steuern und Emotionen nach Belieben auszudrücken oder zu unterdrücken.

Beispiele für freiwillige Ausdrücke sind Grimassen schneiden, Fäuste machen oder eine Emotion oder Absicht unterdrücken.

Um die Figur mit Überzeugung und Klarheit darzustellen, muss der Schauspieler einen großen Teil seiner Energie darauf verwenden, wie die Figur zu fühlen, zu denken und sich zu bewegen. Dieser Ansatz führt zu einer Mimik, die nicht nur zur Geschichte passt, sondern auch spontan ist.

Dies ist zum Teil auf ihre Spontaneität zurückzuführen und sie sind zum Teil freiwillig. Dies ist der wichtigste Faktor bei der Schaffung realistischer Gesichtsausdrücke: Sie müssen stark in den gleichen Wünschen und Emotionen der Menschen verwurzelt sein, die sie erzeugen.

In einem Vortrag vor der Kamera erklärt John Sudol seinen Studenten die Muskeln, Auslöser, Gefühle und Impulse, die mit den sechs universellen Emotionen verbunden sind. Wenn man weiß, welche das sind und wie man sie auslöst, kann man die emotionale Reaktion vergrößern oder verkleinern, ohne ihre Intensität zu verringern, erklärt er. Dies ist das Potenzial von "Die Sprache des Gesichts".

Es ist schwierig, das Erzeugen von Ausdrücken zu üben, weil wir das Ergebnis nicht sofort sehen können. Deshalb empfehle ich Ihnen, sich von einem Lehrer helfen und bewerten zu lassen oder sich vor der Kamera zu filmen.

Nur so können Sie Unklarheiten beseitigen und verstehen, wie Sie Ihren Auftritt glaubwürdiger gestalten können.

Die Beobachtung der Gesichtsregungen anderer in realen Kontexten kann auch zur persönlichen Entwicklung führen. Konzentrieren Sie sich auf das, was Ihre Aufmerksamkeit erregt, d. h. wie die Abfolge und das Nebeneinander ins Spiel kommen. Achten Sie vor allem auf bestimmte Merkmale, wie die zum Ausdruck gebrachte Absicht, Dynamik, Geschwindigkeit, Dauer, Definition, Variation und Integrität.

Eine weitere Lernmethode besteht darin, sich Filme, Fernsehsendungen und Videos anzusehen, die sich auf diesen besonderen Aspekt der Schauspielerei konzentrieren.

Wenn man sich das Szenario ohne Ton anschaut oder immer wieder anhört, kann man die in diesem Kapitel beschriebenen Strategien besser einschätzen, insbesondere bei der Bewertung von preisgekrönten Leistungen.

Die Nachahmung dieser Leistungen kann auch die innere Konzentration verbessern.

Obwohl es große Widerstände gegen die Nachahmung anderer gibt, habe ich festgestellt, dass dies ein hervorragender Ansatz ist, um technisches Wissen und Disziplin in der Malerei, der Musik oder im Tanz zu verbessern.

Viele Schauspieler lehnen es ab, die Schauspielerei auf so einstudierte Weise zu praktizieren, weil sie das Gefühl haben, dass dadurch ihre intuitiven, kreativen Qualitäten und ihre therapeutischen Aspekte des "sich wohlfühlens", "mit dem Strom schwimmen" und "sich gut fühlen" unterdrückt werden. Andere argumentieren, dass es die Mystik und Faszination dieser Kunst schmälert.

Für viele Schauspielschüler ist es einfacher, den Weg des geringsten Widerstands zu gehen und zu improvisieren, in der Hoffnung, dass sich die passenden Ausdrücke vorteilhaft präsentieren und durch den inneren Fluss magisch auftauchen. Selten geschieht dies und den meisten fehlt es weiterhin an Konzentration und Richtung.

Durch das Üben der hier gegebenen Anleitungen kann ein Schauspieler eine breite Palette von Gesichtsemotionen kultivieren und die Fähigkeit verbessern, sie unter den anspruchsvollsten Bedingungen von Theater, Film und Fernsehen einzusetzen und zu kontrollieren.

Ebenso wird er das Wissen, das Selbstvertrauen und die Selbstbeherrschung erwerben, um unverwechselbare und zielgerichtete Ausdrücke zu erzeugen, die zur Figur, zu den Umständen der Geschichte und zum Genre passen und dem Publikum die richtigen Gefühle vermitteln können.

WIE MAN BEIM LÜGENDETEKTORTEST EMOTIONEN ANHAND DER MIMIK ERKENNEN KANN

Die Fähigkeit des Menschen, sich durch seine Mimik mitzuteilen, ist eines seiner größten Talente. Die Verwendung eines Gesichtsmusters, das genau das ausdrückt, was Sie fühlen, könnte für Sie sehr nützlich sein, da es die Kommunikation mit Ihren Mitmenschen erleichtert.

Die meisten Wissenschaftler und Psychologen sind sich einig, dass unser Gesicht das einzige erkennbare Merkmal ist, das unsere wahren Gefühle offenbart.

Es handelt sich dabei nicht um eine erlernte Fähigkeit oder ein Ergebnis des sozialen Fortschritts, sondern um etwas, das wir mit der Reife und dem Wachstum auf natürliche Weise erwerben. Trotzdem glauben manche Menschen, dass sie ihre Gefühle im Normalfall beim Umgang mit anderen verbergen können.

Wie können wir dann die wahren Gefühle und Absichten unserer Mitmenschen anhand ihrer Mimik erkennen?

Die Experten sind sich einig, dass dies erreicht werden kann, wenn man die wahre Biochemie unserer Gesichter versteht und die charakteristischen Gesichtsmerkmale erkennt, die jede Emotion mit sich bringt.

Man hat alles im Blick.

Wie Sie vielleicht wissen, besteht das Gesicht aus vielen Muskeln und Nerven, die unsere Emotionen durch die Mimik genau ausdrücken.

Es ist notwendig, die verschiedenen verräterischen Zeichen der einzelnen Emotionen zu erkennen, wie sie in den Gesichtern anderer erscheinen. Viele Psychologen haben die folgende Liste von Emotionen und ihren Gesichtsmerkmalen zusammengestellt:

1. Traurigkeit

Sie ist in der Regel durch hängende Augenlider und hochgezogene innere Augenbrauen gekennzeichnet. Darüber hinaus können die Mundwinkel herabhängen und die Lippen geschürzt sein.

2. Glück

Der hochgezogene Mundwinkel beim Lächeln ist ein sehr deutlicher Hinweis auf dieses Gefühl. Außerdem werden die Wangen angehoben, wenn die äußeren Ecken der Augenbrauen gesenkt werden.

3. Überraschung

Wenn die oberen Augenlider und die Augenbrauen hochgezogen sind, wird diese Emotion deutlich. In den meisten Fällen ist auch der Kiefer weit geöffnet.

4. Abscheu

Das Kräuseln der gesamten Nase kann diese Empfindung darstellen; eine hochgezogene Oberlippe und eine vorspringende Unterlippe.

5. Wut

Das gesamte Gesicht zieht sich zusammen, die Augenbrauen werden zusammengezogen und gesenkt. Außerdem tritt der Kiefer nach vorne, die Lippen sind zusammengezogen und die Oberlippe ist leicht angehoben.

6. Verachtung

Der einzige Unterschied zwischen Wut und Verachtung besteht darin, dass die Verachtung nur eine Seite des Gesichts betrifft. Dies wird dadurch definiert, dass die Hälfte der Oberlippe spöttisch hochgezogen wird.

7. Furcht

Diese Emotion wird typischerweise von einem Weiten der Augen und einer Erweiterung der Pupillen begleitet.
Darüber hinaus sind die Lippen waagerecht gespannt und es gibt weitere untrügliche Anzeichen für Stress im ganzen Körper, wie Zittern oder Augenflimmern.

Identifizierung der Emotionen einer Person

Glücklicherweise können nur die extremsten Soziopathen ihre Gefühle erfolgreich verbergen und sie machen weniger als 1 % der Weltbevölkerung aus.

Deshalb kann ein gesunder Mensch seine Emotionen nicht verbergen, ohne dass ein Gesichtsausdruck sie verrät. Man muss zuerst die Augen beobachten, die viel von der verborgenen Gemütsverfassung verraten.

Ein Mensch kann wütend sein, dies aber mit höflichen Worten verbergen; sein Gesicht verrät jedoch eine ganz andere Geschichte.

Ein anderes Beispiel ist, wenn eine depressive Person versucht, in der Öffentlichkeit zu lächeln, aber ihre wahren Gefühle durch Wegschauen verbirgt. Um die wahren Gefühle einer Person zu erkennen, muss man auch ihr gesamtes Verhalten betrachten. Neben der Mimik verraten auch die Dinge, die Menschen in der Öffentlichkeit schweigend tun, wie sie sich wirklich fühlen.

Wer wirklich fröhlich ist, hat zum Beispiel eine entspannte Haltung, ein natürliches, ungezwungenes Lächeln und streckt die Hände aus. Bei Frauen kann auch das Spielen mit den Haaren ein Zeichen für echte Freude und Unbeschwertheit sein.
Menschen, die ihre Gefühle verbergen, erkennt man dagegen an einem gezwungenen Lächeln (das hart wirkt), geballten Fäusten, fest vor dem

Körper verschränkten Armen, die eine Schutzhaltung signalisieren, und kurzen Antworten auf Fragen. Darüber hinaus verstärken sich bestimmte Tics und stimmliche Signale, wenn Menschen unter Stress stehen.

Um diejenigen aufzuspüren, die versuchen, ihren wahren Gemütszustand zu verbergen, empfehle ich auch, Fälle von Überkompensation im Gesichtsausdruck zu beobachten.

Kleine Kinder können nicht anders, als zu lächeln, wenn sie glauben, dass sie mit einer Lüge durchkommen.

Erwachsene Lügner hingegen zwingen sich vielleicht, Ihnen in die Augen zu sehen, um Sie von ihrer "Aufrichtigkeit" zu überzeugen, oder sie versuchen, den Blickkontakt ganz zu vermeiden. Außerdem spötteln manche oft, wenn sie mit Menschen sprechen, die sie nicht mögen, um ihre Verachtung zu zeigen.

Da sie versuchen, ihre Wut zu unterdrücken, haben wütende Menschen oft einen intensiven Blick und einen Wortschatz, der als kurz und emotionslos beschrieben werden kann.

Wenn Sie versuchen, die Emotionen einer Person anhand ihrer Mimik zu bestimmen, ist es ratsam, sie nicht zu sehr anzustarren. Die Person schätzt Ihre Mimik vielleicht nicht und wird sich bemühen, ihre eigene zu verbergen.

Glücklicherweise ist es nach Ansicht der meisten Psychologen umso schwieriger, eine Emotion zu verbergen, je größer die Unwahrheit oder je stärker sie ist. In diesem Sinne können Sie leicht feststellen, wer Ihnen gegenüber aufrichtig ist und wer schauspielert, indem Sie die Mimik analysieren, die auf die wahren Gefühle hinweist.

KONTEXT IN DER NONVERBALEN KOMMUNIKATION

Nonverbale Kommunikation und Körpersprache können auf zwei verschiedene Arten interpretiert oder "gehört" werden.

Erstens durch objektive Bewertung oder Vergleiche, was der Körper jetzt anders macht als vorher; zweitens durch die eigene Wahrnehmung und Intuition in Echtzeit.

Um die Körpersprache anderer Menschen und die eigene wahrzunehmen und zu steuern, bedarf es einer kraftvollen und bewussten Mischung dieser Talente.

Viele gut ausgebildete Körpersprachspezialisten und Coaches sind außerordentlich versiert darin, objektiv zu erkennen, wie bestimmte körpersprachliche Gesten unsere Gedanken vermitteln.

Sie sind auch in der Lage zu beschreiben, wie diese nonverbalen Ausdrücke die Gedanken und Entscheidungen anderer beeinflussen können.

Die neue Biometrie ist nun in der Lage, diese Mimik viel schneller und genauer als bisher zu beobachten und zu analysieren. Bedeutet dies, dass wir aufhören sollten, die Körpersprache zu analysieren und neue Software zu kaufen, oder gibt es noch viel zu lernen in einer Dimension, die Computer noch nicht beherrschen?

102

Alle nonverbalen Botschaften müssen im Kontext interpretiert werden, so die besten Körpersprachenexperten. Daher beginnen die wirksamsten Programme, diese Variable zu nutzen.

Die Mechanik und die Haltung verschränkter Arme beispielsweise können viel mehr vermitteln als bloße Abwehr oder Skepsis.

Vielleicht sind Sie einfach ein kalter Mensch. Sie könnten aber auch eine starke Führungspersönlichkeit sein, die ihre Dominanz abschwächen möchte, um anderen, zögerlicheren Stimmen mehr Raum zu geben.

Welche anderen Soft Skills können neben der Fähigkeit, kontextbezogene Faktoren zu verstehen, bei der Interpretation der Körpersprache helfen?

Sicherlich all jene Elemente, die unsere intuitiven Fähigkeiten stimulieren können. Patrick Collard definierte Intuition ursprünglich als die Fähigkeit, "nach innen" zu schauen, wobei "innen" das Problem/die Emotion und/oder die beteiligte Person ist. Dies ist ein Gebiet, auf das sich Software noch immer nur zögerlich wagt.

Zahlreiche Studien haben gezeigt, dass jede Zelle im menschlichen Körper in der Lage ist, Informationen zu speichern und zu übermitteln. Unsere Fähigkeit, intuitiv zu sein, hängt wesentlich von unserer Fähigkeit ab, wahrzunehmen, was in uns selbst und in anderen vorgeht.

Daher können Sie die Körpersprache und die Argumente der Menschen objektiv beobachten und analysieren, indem Sie das, was ausgedrückt wird, wahrnehmen, messen und analysieren. Sie können trainieren, ein bewusstes Gefühl dafür zu bekommen, was in Ihnen vorgeht.

Wie kann der Erwerb der wesentlichen Fähigkeiten zur Verbesserung der Intuition Ihre Karriere fördern, insbesondere wenn Sie eine Führungskraft, ein Kundenbetreuer, ein Kundendienstmitarbeiter oder ein Coach sind?

Je mehr Sie sich darin üben, Ihren Körper und seine Sprache zu spüren, sich dessen bewusst zu werden und ihm zu vertrauen, desto mehr werden Sie in der Lage sein, Ihre Intuition angemessen zu nutzen, um wahrzunehmen, was mit den Menschen um Sie herum im gegenwärtigen Moment geschieht.

Das Erlernen und Üben der Soft Skills, die zur Verbesserung der intuitiven Wahrnehmung erforderlich sind, kann sich erheblich auf unsere Gesundheit und unsere Fähigkeit auswirken, loyale, dauerhafte und fruchtbare Beziehungen aufzubauen und zu pflegen.

"Indem wir aufmerksamer werden und die nonverbale Kommunikation beherrschen, können wir die Botschaften, die wir aussenden, kontrollieren und Missverständnisse vermeiden, indem wir mehrdeutige Signale senden.

Henrik Fexeus

Kapitel 5

PROXEMIK UND IHRE WICHTIGKEIT

P roxemik, Dialektik und Raumsprache sind die vielen Begriffe, die verwendet werden, um die Art und Weise zu beschreiben, wie ein Mensch den Raum um sich herum in seinem Zuhause, in einer sozialen Situation oder in einem Büro bewahrt. Im Jahr 1963 prägte der Forscher E.T.

Hall den Begriff Proxemik für die Untersuchung der Art und Weise, wie eine Person ihren persönlichen Raum nutzt, um die Kommunikation zu erleichtern oder zu behindern. Kurz gesagt, die Art und Weise, wie eine Person den Raum um sich herum pflegt, vermittelt auch Informationen.

Je größer der Abstand zwischen zwei Personen ist, desto weniger intim ist ihre Beziehung. Je größer der Raum ist, der eine Person umgibt, desto höher ist ihr sozialer Rang.

Jeder Mensch definiert automatisch seinen eigenen Bereich, der auch als persönlicher Raum bezeichnet wird. Er möchte nicht, dass irgendjemand, abgesehen von seinen wenigen intimen Beziehungen, ihn betritt.

Indem er zurücktritt oder ein architektonisches Element wie einen großen Tisch oder Stühle in die Mitte stellt, weist er jeden zurück, der versucht, ihn zu verletzen.

Das wahllose Eindringen in sein Revier ruft bei ihm Hass hervor.

Die Büros der Vizepräsidenten sind geräumig und mit einem Tisch, einem Schlafzimmer, einer privaten Gesprächsecke, einem Besucherzimmer usw. ausgestattet.

Der Bezirksrichter verfügt über einen großen Tisch und zwei Stuhlreihen, die viele Gäste aufnehmen und von ihnen fernhalten.

Oder der Rang eines besuchenden Offiziers kann durch die Art und Weise bestimmt werden, wie er sich dem sitzenden Offizier nähert.

Höherrangige Beamte gehen geradeaus und setzen sich in die Nähe des Beamten, während rangniedrigere Beamte einen gewissen Abstand einhalten, um ihren niedrigeren Rang im Vergleich zum sitzenden Beamten anzuzeigen.

Dr. August F. Kinzel vom New Yorker Psychiatrischen Institut entdeckte, dass das aggressive Verhalten einiger psychiatrischer Patienten auf die Verletzung des persönlichen Raums zurückgeführt werden kann.

Die Psychiatriepatienten griffen andere nur deshalb an, weil die Opfer sich ihnen naiv näherten und ihnen durch die Verletzung ihrer Intimsphäre ein Gefühl der unmittelbaren Gefahr vermittelten, das eine ebenso aggressive Reaktion erforderte, um sich zu schützen.

Diese Art von Verhalten ist auch bei Tieren üblich, die ihr Territorium besitzen und sich um jeden Preis dagegen wehren, in dieses einzudringen.

E.T. Hall unterscheidet vier Arten von Räumen: intime, persönliche, soziale und öffentliche.

- Der intime Raum bietet einen Abstand von 15 cm bis 45 cm zum Sprecher. Es ist ein Ort, der Menschen vorbehalten ist, die sich umarmen und flüstern; an diesem Ort werden Geheimnisse offenbart.
  Intimität und Zuneigung werden hier in der Regel zwischen nahen Verwandten oder Bekannten geäußert. Es wird nicht erwartet, dass ein Außenstehender diesen Bereich betritt und wenn er es doch täte, wäre es äußerst beleidigend. Auf dieser Ebene ist die Sicht eingeschränkt und die wichtigsten Sinneseindrücke sind Geruch und Berührung. Diese Distanz eignet sich für sexuelle Interaktionen oder zur Beruhigung einer Person.

- Der persönliche Raum (46 cm bis 120 cm) umfasst den persönlichen Nahbereich (46-60 cm) und den persönlichen Fernbereich (60-120 cm). Auf Partys oder wenn sich zwei Personen auf der Straße begegnen, befinden sie sich in einem persönlichen Fernraum, der zwar intim ist, aber nicht so intim

wie die Beziehung zwischen Mann und Frau, deren Abstand
eher eng ist.

- Die Reichweite des Sozialraums reicht von 1,20 m bis 3,60 m.
  Er besteht aus einem Nahraum (1,20-2,10 m) und einem
  Fernraum (2,10-3,60 m). Unpersönliche Interaktionen finden in
  einem engen sozialen Abstand statt, wie z. B. das Gespräch
  einer Hausfrau mit einem Techniker oder einem Kunden.

In offiziellen Arbeitssituationen hingegen ist der Abstand
zwischen einem Vorgesetzten und einem Angestellten oder
einer Empfangsdame und einem Gast am größten. In diesem
Bereich muss ein ständiger Blickkontakt aufrechterhalten
werden, da es sonst zu Missverständnissen zwischen den
Beteiligten kommen kann.

- Der öffentliche Raum geht über 3,6 Meter hinaus, bis zu dem
  Punkt, an dem das menschliche Auge sehen kann. Auch hier
  gibt es eine Unterteilung in einen nahen (bis zu 7 Meter) und
  einen fernen Bereich.

Der nahe öffentliche Raum ist der Bereich, der von den Lehrern
während des Unterrichts oder vom Chef bei Personal- oder
Betriebsversammlungen eingehalten wird. Der ferne
öffentliche Raum ist der Raum, der zwischen Politikern und der
Öffentlichkeit eingehalten wird, oder der Abstand, der zu

wilden Tieren eingehalten werden muss, die den Eindringling
sonst als Bedrohung ansehen und angreifen würden.

Die Abstände, die ein Individuum zu anderen einhält, und der Raum,
den es um sich herum einnimmt, zeigen seine Position und seinen von
anderen wahrgenommenen Status an.

WARUM IST PROXEMIK IN VERHANDLUNGEN WICHTIG?

Die Proxemik liefert dem Gegenüber viele nonverbale Informationen über den Grad des Vertrauens und der Vertrautheit zwischen ihnen.

In Anbetracht der Bedeutung der Zusammenarbeit bei Verhandlungen müssen Sie in der Lage sein, den Grad des Vertrauens, das die andere Partei in Sie setzt, anhand der Distanz, mit der sie bereit ist, mit Ihnen zu verhandeln, einzuschätzen.

Wenn Sie die Dynamik des persönlichen Raums verstehen, können Sie verhindern, dass Sie versehentlich den persönlichen Raum Ihres Gegenübers verletzen und unnötige Konflikte oder unangenehme Gefühle auslösen, die die Verhandlungen behindern könnten.

Was ist unsere persönliche Komfortzone?

Edward Hall entdeckte 1959, dass sich der Mensch seiner Wahrnehmung von Raum und Territorium sehr bewusst ist. Nach der Durchführung zahlreicher Studien und Experimente kam er zu dem Schluss, dass die Amerikaner in den Vereinigten Staaten vier verschiedene Entfernungen (siehe oben) haben, jede mit ihrem eigenen Komfortradius.

Diese Abstände, die nur für Interaktionen gelten, bei denen sich die Teilnehmer der Anwesenheit des anderen bewusst sind, sind bei den meisten Amerikanern erstaunlich universell, unterscheiden sich aber je nach Kultur erheblich.

Das Eindringen in den persönlichen Raum ist gefährlich

Wenn jemand, der unser Vertrauen noch nicht verdient hat, unseren persönlichen Raum betritt, fühlen wir uns in der Regel unwohl oder eingeschüchtert, weil der Eindringling in unser Gebiet eingedrungen ist.
 Es ist, als würde eine unbekannte Person ohne Ihre Zustimmung Ihren Garten betreten.

Das Eindringen in den persönlichen Bereich einer Person, ohne zuvor eine Vertrauensbasis geschaffen zu haben, kann zu Konflikten und Abwehrreaktionen führen. Wenn der Raum verletzt wird, fühlt sich die andere Person unwohl und entfernt sich sofort, um ein angemessenes Maß an persönlichem Territorium wiederherzustellen.

Diese Handlung zeigt an, dass Sie in die Komfortzone des anderen eingedrungen sind. Deshalb müssen Sie sehr vorsichtig sein.

Manchmal werden Polizeibeamte angewiesen, während eines Verhörs den persönlichen Raum zu verletzen, um den Verdächtigen in Verlegenheit zu bringen und ihn zu zwingen, Informationen zu liefern.

Abstand trennt die Starken von den Schwachen.

Die Nutzung des persönlichen Raums kann viel über den Status, die Sicherheit und die Autorität der Menschen um uns herum aussagen.

Schauen Sie bei Ihrer Arbeit nach, wer den größten Arbeitsbereich hat, es wird wahrscheinlich der Chef sein.

Diejenigen, die über mehr Macht und Autorität verfügen, haben Zugang zu mehr persönlichem Raum.

Sie isolieren sich oft von ihren Mitmenschen.

Der Chef hat vielleicht ein Eckbüro, getrennt von den anderen Mitarbeitern am Arbeitsplatz, deren Schreibtische vielleicht sehr eng beieinander stehen.

Selbstbewusste Menschen mit einem hohem Status fühlen sich wohl, wenn sie sich direkt in den Mittelpunkt der Aufmerksamkeit stellen.

Im Gegensatz dazu neigen Personen mit geringerem Status oder mangelndem Selbstvertrauen dazu, sich zu den Ausgängen oder in den hinteren Teil des Raumes zu begeben.

Universitätsstudien zufolge erhielten Schüler, die vorne und in der Mitte des Klassenzimmers saßen, die besten Noten, während diejenigen, die hinten und in den Ecken saßen, die schlechtesten Noten erhielten.

Ziel ist es, der anderen Person so nahe wie möglich zu kommen, ohne dass sie sich dabei unwohl fühlt. Dies wird die Beziehung zwischen den Parteien verbessern.

Achten Sie auch auf jeden leblosen Gegenstand, der sich zwischen Ihnen und Ihrem Gesprächspartner befindet, denn er zeigt an, dass Sie sich verteidigen müssen.

Ein Tisch, ein Schreibtisch, ein Kissen, ein Glas usw., die zwischen Ihnen und Ihrem Gesprächspartner stehen, sind das unbewusste Äquivalent zum Schutz unseres Körpers vor Angriffen und bieten uns emotionalen Trost vor etwas, das wir nicht mögen.

EINSATZ VON PROXEMIK ZUR BETONUNG VON EMOTIONEN

In Kombination mit anderen Aktivitäten kann die Proxemik genutzt werden, um eine Botschaft zu unterstreichen. Wenn zum Beispiel eine Person wütend auf Sie ist und in Ihre Privatsphäre eindringt, wird die Bedrohung durch ihre Wut wesentlich größer empfunden, als wenn sie auf der anderen Seite des Raumes wütend auf Sie wäre.

Wenn ein verliebtes Paar auf der anderen Seite des Raumes Blickkontakt hält, ist die Bedeutung dieses Blickkontakts geringer, als wenn sie nur wenige Zentimeter voneinander entfernt wären.

Wo soll ich sitzen?

Koexistenz fördert die Zusammenarbeit. Wenn Sie versuchen, die Zusammenarbeit zu fördern, ist der beste Platz für Sie neben der Person, mit der Sie zusammenarbeiten möchten (d. h. rechts oder links von ihr). Indem wir neben ihr sitzen, ermutigen wir sie zu mehr Zusammenarbeit und zeigen ihr, dass wir nicht in Konkurrenz zu ihr stehen.

Stattdessen schaffen die gegenüberliegenden Seiten Wettbewerb. Jemandem direkt gegenüber zu sitzen, z. B. ein Arbeitgeber gegenüber einem potenziellen Bewerber mit einem Tisch dazwischen, fördert das Konkurrenzdenken.

Sitzen bei 90 Grad für ein angenehmes Gespräch.

Der beste Platz für einen kooperativen Informationsaustausch ist ein Ecktisch. Eine Person sitzt auf der einen Seite der Ecke, die andere auf der gegenüberliegenden Seite.

Die Vorteile dieser Position:

- Sie ermöglicht es, in den persönlichen Raum des anderen einzudringen.

- Sie reduziert die Formalität des Rahmens und schafft Nähe.

- Die Ecke des Tisches bietet beiden Parteien psychologischen Schutz und bildet eine Barriere, die bei Bedarf überwunden werden kann.

Ungleichheit zwischen den Geschlechtern.

Byrne und Fisher (1975) fanden heraus, dass amerikanische Männer im Allgemeinen lieber gegenüber von Personen sitzen, die sie als Freunde betrachten, während amerikanische Frauen lieber neben ihnen sitzen.

Außerdem bestätigte die Studie, dass Männer es nicht mögen, wenn Fremde vor ihnen sitzen, während Frauen es nicht mögen, wenn Fremde neben ihnen sitzen.

Die wichtigsten Elemente auf einen Blick:

- Die Untersuchung der kommunikativen Eigenschaften des Raums wird als Proxemik bezeichnet.

- Wenn der persönliche Raum einer Person verletzt wird, kann sie sich bedroht fühlen.

- Nebeneinander zu sitzen fördert die Zusammenarbeit. Gegenüber zu sitzen fördert den Wettbewerb. Das Sitzen im 90-Grad-Winkel fördert die Kommunikation.

- Die Verwendung von leblosen Gegenständen als Barrieren deutet auf Nervosität, Unehrlichkeit oder eine defensive Haltung hin.

- Kommen Sie der anderen Person so nahe wie möglich, ohne dass sie sich dabei unwohl fühlt. Das wird Ihre Beziehung stärken.

"Die nonverbale Kommunikation eines Menschen ist genauso wichtig, wenn nicht sogar wichtiger als seine verbale Kommunikation".

Robert Dilts

Kapitel 6

APTICA

Die Haptik, manchmal auch als "taktile Kommunikation" bezeichnet, ist genau genommen die Lehre von der Berührung. Dieser Sinn vermittelt eine besondere Bedeutung: Er vermittelt Wärme und Zuneigung.

Kinder brauchen die Berührung durch eine liebevolle Hand mehr als jedes andere Lebewesen, insbesondere junge Welpen und Menschen.

Ihre körperliche und geistige Entwicklung wird durch die Berührung bestimmt, die sie erhalten. Einer Studie zufolge nahmen Patienten, die dreimal täglich 15 Minuten lang berührt wurden, 47 % schneller an Gewicht zu und konnten das Krankenhaus sechs Tage früher verlassen als andere Säuglinge.

Berührung macht die Kommunikation vollständig und erfolgreich, kann aber auch eingesetzt werden, um Menschen zu überzeugen, ein neues Konzept zu unterstützen oder eine neue Praxis zu übernehmen.

Der Psychologe Sidney Jarad zählte die durchschnittliche Anzahl der stündlichen Kontakte mit einer Person am Arbeitsplatz an verschiedenen Orten und stellte fest, dass sie in San Juan, Puerto Rico, 180, in Paris, Frankreich, 110, in Gainesville, Florida, 2 und in London, UK, 0 beträgt.

Die durchschnittliche Anzahl der Berührungen variiert von Kultur zu Kultur. Berührungen sind eine Technik, um Wärme und Beruhigung zu vermitteln, aber in einigen Kulturen wird das Berühren von Menschen des anderen Geschlechts als Beleidigung angesehen.

Händeschütteln.

Eine der gebräuchlichsten und häufigsten Gesten ist das Händeschütteln.

Diese Gesten verraten die Persönlichkeit und die Einstellung einer Person.

Da der Händedruck ein immer wiederkehrendes Element im Arbeitsleben ist, ist es wichtig, sich diese Geste anzueignen und richtig zu üben. Untersuchen wir daher die verschiedenen Formen des Händedrucks und ihre Bedeutung.

Asha Kaul hat fünf Arten des Händedrucks identifiziert. (Kaul, Asha, Business Communication, Tenth Print, Prentice Hall of India, New Delhi, pp.82-85, 2004):

- Gleicher Händedruck: Gleicher Druck auf den anderen. Er steht für ein Gefühl der Gleichheit mit der anderen Person. Hier sind die Hände locker und üben nur wenig Druck aus.
- Schwacher Händedruck: zeigt ein Gefühl der Unzulänglichkeit und Unterwerfung.

- <u>Kräftiger Händedruck</u>: Die Person übt größeren Druck auf den anderen aus, um seine Überlegenheit zu demonstrieren.

- <u>Händedruck des Politikers</u>: Ein Politiker schüttelt einem Wähler mit beiden Händen die Hand. Er drückt eine äußere Unterwürfigkeit aus, die von Integrität herrührt. In manchen Fällen kann der beidhändige Händedruck ein Zeichen von Wärme sein, was durch andere Zeichen, wie z. B. ein Lächeln, zu erkennen ist.

- <u>Informeller Händedruck</u>: Die ganze Hand schüttelt nicht die Hand des anderen, sondern nur ein paar Finger berühren die wenigen Finger des anderen.

ANFASSEN ODER NICHT ANFASSEN?

Wen wir berühren, wie oft wir berühren, die Intensität der Berührung und die Art der Berührung vermitteln unterschiedliche Botschaften. Wenn man bedenkt, dass der größte Teil der Botschaft durch nonverbale Kommunikation ausgedrückt wird, können Berührungen vermitteln, wie wir uns selbst darstellen. Bei Geschäftspräsentationen zum Beispiel ist der Händedruck die erste taktile Botschaft.

Aber wie läuft der Händedruck ab? Schüttelt man schnell und zieht sich dann zurück, gibt man einen vollständigen Händedruck oder verweilt man länger, als man sollte?

Das erste Beispiel vermittelt Angst oder Widerstand, das Zweite die beste Art und Weise, die Geste auszuführen, während das Dritte als Botschaft gesehen werden kann, hinter der sich eine sexuelle Absicht verbirgt. Das Greifen und Verdrehen der Hand hingegen ist ein Versuch, Autorität auszudrücken.

Der Kontaktpunkt ist entscheidend: Ein Schulterklopfen unter Kollegen zeigt Freundlichkeit, ein Schulterklopfen ist arrogant.

Die Häufigkeit des körperlichen Kontakts kann ein Hinweis auf die Art einer Beziehung sein. Häufiger und/oder längerer Körperkontakt deutet auf Intimität hin. Er kann aber auch auf Feindseligkeit hindeuten, wenn er mit den Fingern gestoßen oder geschoben wird.

Die Person, die den körperlichen Kontakt herstellt, könnte aus einer höheren sozialen oder beruflichen Position kommen: Der Vorstandsvorsitzende könnte beispielsweise einem Untergebenen die Hand auf die Schulter legen, aber dieser würde den Vorstandsvorsitzenden niemals berühren.

"Warme und liebevolle" Menschen können als freundlich und zugänglich angesehen werden; sie können jedoch von Menschen, die nicht gerne berührt werden, als aufdringlich empfunden werden.

DIE UNERHÖRTE MACHT DER BERÜHRUNG

Was für ein schönes Wort: "haptisch". Es ist ein technischer Begriff, der "mit Berührung verbunden" bedeutet und leicht an das englische Wort "happy" denken lässt.

Obwohl die Wörter nicht denselben sprachlichen Ursprung haben, ist die Assoziation angebracht, da die meisten Formen der Berührung, wie z. B. Streicheln, Kratzen oder Klapsen, Gefühle von Gesundheit, Wohlbefinden und Freude hervorrufen.

Der Tastsinn ist einer der ersten Sinne, die sich beim menschlichen Embryo entwickeln. Während die anderen Sinne auf bestimmte Körperteile beschränkt sind (Nase, Ohren, Augen und Mund), ist das Sinnesorgan des Tastsinns die Haut und betrifft den gesamten Körper. Der Tastsinn ist also der primäre und umfassendste Sinn.

Untersuchungen zufolge ist Berührung in jedem Alter wichtig für unser Wohlbefinden.

Die glücklichsten Ehen sind diejenigen, in denen der körperliche Kontakt bestehen bleibt und ältere Menschen, die sich in Altersheimen einsam fühlen, äußern, wie wichtig eine Umarmung oder eine ergreifende Hand ist, um ihnen das Gefühl zu geben, umsorgt und einbezogen zu sein - dies wird als "Hunger nach Berührung" bezeichnet.

124

Ironischerweise berühren sich die Menschen in der westlichen Welt weniger als je zuvor, während die Wissenschaft die Bedeutung von Berührungen hervorhebt. Vielleicht werden wir immer abhängiger von der Technologie (einschließlich der Haptik) statt von der menschlichen Berührung.

Dies kann in Arztpraxen der Fall sein, wo die körperliche Untersuchung durch hochtechnologische diagnostische und pharmazeutische Techniken ersetzt zu werden scheint.

In einigen Schulen führten unangemessene Beziehungen zwischen Schülern und Lehrern sogar zu einem Verbot des körperlichen Kontakts zwischen Lehrern und Schülern, wodurch die Möglichkeit eines sanften Klapses oder einer einfühlsamen Hand auf die Schulter, um Stolz oder Ermutigung auszudrücken, wegfiel.

Da der soziale Kontakt abnimmt, werden die Vorteile haptischer Therapien, insbesondere der Massagetherapie, zunehmend dokumentiert.

Heute wird die Massage zur Unterstützung und Ergänzung der medizinischen Heilung und zur Verbesserung der allgemeinen Gesundheit, des Immunsystems und des Wohlbefindens eingesetzt.

Schmerz und Vergnügen sind möglicherweise enger miteinander verbunden, als wir denken. Kürzlich haben Wissenschaftler in der

Epidermis "Lustnerven" identifiziert, die über die gleichen C-Fasern wie die Schmerznerven mit dem Gehirn verbunden sind.

Laut Professor Francis McGlone von der Universität Liverpool haben Tests an menschlichen Freiwilligen gezeigt, dass ein schmerzhafter Reiz auf der Haut durch sanftes Massieren der Lustnerven in einem nahe gelegenen Körperteil gelindert werden kann, ähnlich wie eine Mutter ein verletztes Kind streicheln würde, um den Schmerz zu lindern.

Die Massage wird durch Streichen und Kneten der Weichteile des Körpers durchgeführt.

Dadurch wird die Spannung der angespannten, schmerzenden Muskeln reduziert, Geist und Körper entspannen sich, und die Muskeln entspannen sich und erlauben eine größere Bewegungsfreiheit.

Es ist eine angenehme, erhebende, natürliche und drogenfreie Erfahrung, die bei regelmäßiger Anwendung sofortige und langfristige Erleichterung bei verschiedenen physiologischen und psychologischen Beschwerden bringt.

Außerdem hilft eine gute Massage bei der Linderung der Symptome von schweren Krankheiten, wie z. B. bei einigen Krebsarten. Es ist jedoch notwendig, einen Arzt zu konsultieren, bevor man eine Behandlung in diesen Fällen beginnt.

MERKMALE DES KÖRPERKONTAKTS IN ROMANTISCHEN BEZIEHUNGEN

Welcher Zusammenhang besteht zwischen Körpersprache und Liebe? Sind Sie in der Lage, die Gefühle eines Menschen anhand seiner Körpersprache zu erkennen? Und sind Sie in der Lage, Ihre Emotionen über diesen Kanal zu vermitteln?

Die wechselseitige Kommunikation ist ein komplexer Prozess, bei dem alle unsere Sinne zum Einsatz kommen. Verlassen Sie sich nicht nur auf Worte, um einem Mann zu zeigen, dass Sie interessiert sind oder um festzustellen, ob er an Ihnen interessiert ist.

Die Verbindung und die Macht zwischen Körpersprache und Liebe sind erstaunlich. Überlegen Sie, wie Sie diese Verbindung in Ihrem Leben umsetzen können:

- Körperhaltung und Körperposition

Die Art und Weise, wie sich Ihr Körper um die Person, die Sie lieben, herum positioniert, verrät viel. Ihr Körper neigt dazu, sich der anderen Person zuzuwenden und Ihr Körpervolumen nimmt ab.

Trotz des enormen körperlichen Komforts ist das deutlichste Zeichen für Wut oder Schmerz zwischen den Liebenden die schnelle Trennung ihrer Körper.

Verliebte Menschen neigen dazu, sich in ihren Bewegungen zu ähneln, indem sie instinktiv die Körperhaltung des anderen nachahmen, z. B. die Beine auf die gleiche Weise übereinander schlagen oder das Gesicht zur gleichen Zeit streicheln. Jede Linie Ihres Körpers verrät die liebevolle Beziehung, die Sie mit Ihrem Mann haben, wenn Sie zusammen sind.

- Körperlicher Kontakt.

Die Berührung zwischen zwei Liebenden kann so leicht sein wie ein Finger, der die Wange berührt, oder so leidenschaftlich wie der leidenschaftlichste Kuss sein.
Die Bedeutung des körperlichen Kontakts geht so weit zurück wie die ersten emotionalen Bindungen.

Tatsächlich haben Sie die Berührungen Ihrer Eltern wahrgenommen und begehrt, noch bevor Ihre anderen Sinne voll ausgebildet sind.

Leider vergessen Erwachsene nur allzu oft, sich zu berühren, es sei denn, sie haben ein sexuelles Ziel und das ist wirklich schade.
Jüngsten Studien zufolge fühlen Sie sich Ihrem Geliebten umso näher, je mehr Sie ihn/sie küssen.

Es ist auch wichtig zu bedenken, dass durch das Küssen ein Austausch von Antikörpern stattfindet, der das Immunsystem stärkt, so dass sich der Körper in jeder Hinsicht besser fühlt.

- Blickkontakt

Wenn Sie wissen wollen, wie sich eine Person fühlt, müssen Sie ihr in die Augen schauen. Der Blick und der Umfang des Blickkontakts sind universelle Indikatoren für den emotionalen Zustand einer Person.

Je länger und intensiver Sie jemandem in die Augen blicken, desto stärker ist das Gefühl, das dahinter steckt. Der Zusammenhang zwischen Körpersprache und Liebe liegt also in der intensiven Konzentration Ihrer bewundernden Blicke auf den Mann, den Sie lieben.

- Gesichtsausdruck

Abgesehen von den Augen vermittelt auch der Rest des Gesichts die stille Verbundenheit zwischen Ihnen und dem Motiv. Vor allem das Lächeln zeigt die Wärme, die man in der Gesellschaft eines geliebten Menschen empfindet.

Ein fröhliches Lächeln ist lockerer und entspannter, frei von Zornesfalten und gespannten Lippen. Wir alle haben schon einmal gehört: "Als er den Raum betrat, leuchtete sein Gesicht auf".

Wenn Sie das schon einmal erlebt haben, wissen Sie, dass es wahr ist. Ihr Gesicht scheint zu strahlen, vielleicht dank der Endorphine, die Ihr Körper produziert, wenn Sie sich zu jemandem hingezogen fühlen.

Da Sie nun wissen, wie Liebe durch Körpersprache vermittelt wird, sollten Sie mehr darauf achten, was Ihr Körper ausdrückt.

Die verborgene Verbindung zwischen Körpersprache und Zuneigung bietet starke Möglichkeiten für eine authentische Kommunikation mit geliebten Menschen.

NONVERBALE KOMPONENTEN, DIE FÜR EINE GESUNDE UND LIEBEVOLLE BEZIEHUNG UNERLÄSSLICH SIND

Zu den kommunikativen Fähigkeiten gehört nicht nur die Fähigkeit, mit anderen zu sprechen, sondern auch zu lernen, was Menschen sagen, wenn sie schweigen. Es geht also darum zu lernen, die Körpersprache zu verstehen.

Paare, denen es gelingt, "richtig" zu kommunizieren, vertiefen ihre Beziehung und ihre gegenseitige Zuneigung. Wenn ein Partner versucht, das Verhalten oder die Gedanken des anderen zu seinem eigenen Vorteil zu verändern, entstehen Probleme.

SIE KÖNNEN ANDERE NICHT ÄNDERN! Sie können nur Ihr eigenes Verhalten ändern!

Jetzt wird es interessant. Als Ergebnis Ihrer Transformation werden sich auch die Menschen um Sie herum verändern.

Es ist interessant zu beobachten, wie neue Verhaltensweisen und Kommunikationsfähigkeiten andere positiv oder negativ beeinflussen können.

Was bedeutet das? Es bedeutet, dass Sie lernen müssen, zu kommunizieren und wenn Sie das gelernt haben, müssen Sie diese Fähigkeiten in Notfällen und Diskussionen anwenden.

Wie bereits erwähnt, ist die Körpersprache ein wesentlicher Bestandteil der Kommunikation mit Ihrem Partner. Um eine gesunde und erfolgreiche Beziehung aufrechtzuerhalten, gibt es fünf entscheidende nonverbale Bereiche, die Sie verstehen und bei Ihrem Partner und sich selbst erkennen müssen:

- Achten Sie auf Ihre Körpersprache. Sie können etwas sagen, aber mit Ihrem Körper eine ganz andere Botschaft vermitteln. Selbst wenn Sie sich nicht auf dem Kriegspfad befinden, könnte Ihr Partner das denken, wenn Sie die Arme verschränkt halten; infolgedessen wird er/sie zweifellos auf eine Weise reagieren, die Sie nicht wünschen.

- Der Blickkontakt ist entscheidend. Schaut Ihnen die andere Person beim Sprechen in die Augen oder schaut sie weg? Halten Sie Blickkontakt, wenn Sie sich mit Ihrem Ehepartner unterhalten und damit meine ich nicht, dass Sie ihn anstarren sollten; Sie wollen nicht "unheimlich" wirken. Der Blickkontakt verrät viel über die Aufrichtigkeit des Sprechers.

- Die Mimik verrät, ob ein Mensch fröhlich, traurig, deprimiert oder wütend ist. Man spürt es bei anderen und merkt, dass sie es auch bei einem selbst verstehen können. Das Pokerface ist auch ein Mittel der Kommunikation: Es ist notwendig, die Bedeutung dieser Botschaften zu bestimmen. Der Gesichtsausdruck und die Körpersprache eines schweigenden Menschen können viele

Informationen vermitteln. Je nachdem, wie Sie diese interpretieren, müssen Sie entweder schweigen und sich zurückziehen oder versuchen, das Thema zu diskutieren.

- Auch die Körperbewegungen und die Körperhaltung eines Menschen sind eine Art der Kommunikation. Wir können erkennen, wenn jemand feindselig ist, aber wir müssen subtilere Anzeichen studieren und beachten. Wenn wir einige oder alle kommunikativen Signale unseres Partners falsch interpretieren, ist die Wahrscheinlichkeit größer, dass wir falsche Schlüsse ziehen, was zu heftigen Auseinandersetzungen führen kann, die die Beziehung verschlechtern. Alle Beziehungen brauchen Pflege, um zu verhindern, dass die Dinge außer Kontrolle geraten.

- Die letzte Frage, die Sie sich stellen müssen, lautet: "Wie wichtig ist Ihnen Ihre Beziehung?". Wenn es um eine liebevolle Beziehung geht, ist es umso besser, je mehr Fähigkeiten Sie und Ihr Partner im Krisenmanagement haben.

Welchen Wert hat Ihre Beziehung zu sich selbst? Wie sehr lieben Sie Ihren Ehepartner?

Wenn Sie lernen, zu kommunizieren und Schweigen zu verstehen, können Sie und Ihr Partner schwierige Momente überwinden und sich näher kommen. Zu lernen, wie man eine Beziehung stärkt, kann das Beste sein, was Sie für sich und Ihren Partner tun können.

"Wenn Sie einem Menschen eine Aussage machen oder eine Frage stellen, wird er Ihnen immer eine nonverbale Antwort geben, ob er sie nun bewusst ausdrücken kann oder nicht."

Richard Bandler und John Grinder

Kapitel 7

HEILIGER GRAIL - KÖRPERSPRACHFUNKTIONEN UND ANWENDUNGEN

D ie Körpersprache anderer wahrzunehmen, zu verstehen und angemessen darauf zu reagieren und selbst eine positive Körperhaltung einzunehmen, ermöglicht es Ihnen, mit anderen besser zu kommunizieren.

Wir müssen jedoch bedenken, dass Hintergrund, Kultur, körperliche Verfassung und Kommunikationsfähigkeiten die Verwendung von Körpersignalen und deren Wirksamkeit beeinflussen. Denken Sie daran, dass nicht jeder Mensch nonverbale Signale auf dieselbe Weise verwendet wie Sie.

Werden diese Signale überbewertet, kann dies zu Missverständnissen und zur Verschlechterung einer Beziehung führen.

Bei der Interaktion mit Menschen in verschiedenen Situationen kommen viele Aspekte der nonverbalen Kommunikation zum Tragen; das menschliche Auge ist jedoch eine besonders kraftvolle Quelle für Botschaften. Die Augen werden als "Spiegel der Seele" bezeichnet, gerade weil der Blickkontakt unsere wahren Gedanken und Gefühle äußerst wirkungsvoll zum Ausdruck bringt. So sind beispielsweise viele Kriminalbeamte darin geschult, die Augenbewegungen zu untersuchen, um festzustellen, ob ein Verdächtiger die Wahrheit sagt oder lügt.

In den meisten westlichen Kulturen beträgt die durchschnittliche Dauer des Blickkontakts 5-10 Sekunden, nach denen es manchmal akzeptabel ist, wegzuschauen. Ein längerer Blick kann Unbehagen auslösen, aber andererseits kann das Wegschauen oft Apathie oder Unehrlichkeit vermitteln.

Wenn Sie die Dauer oder Häufigkeit des Blickkontakts nicht einhalten, könnten Sie von vielen Menschen als unhöflich oder beleidigend empfunden werden.

Außerdem könnten sie Ihr Verhalten als Versuch, Dominanz auszuüben, oder als Flirt interpretieren.
 Andere wiederum können sich unwohl fühlen und unerwünschte Reaktionen zeigen (z. B. wütend werden oder sich entfernen, um den Kontakt zu vermeiden).

Schließlich können auch das Senken des Blicks vor der Beantwortung einer Frage, übermäßiges Blinzeln und andere ähnliche Augenbewegungen einen schlechten Eindruck auf unseren Gesprächspartner machen.
Blickkontakt kann eine Reihe von Bedeutungen vermitteln, darunter Desinteresse, Vertrauen, Zuversicht oder Aufrichtigkeit.

Wenn Sie zum Beispiel einen Kunden beobachten, der beim Einkaufen schnell den Blickkontakt vermeidet, ist es möglich, dass er oder sie Angst vor Diebstahl hat oder einfach nicht Ihre Aufmerksamkeit und Hilfe wünscht.

Wie D.G. Leathers in Successful Nonverbal Communication: Principles and Applications (Erfolgreiche nonverbale Kommunikation: Grundlagen und Anwendungen) feststellt, kann der Blickkontakt mehrere Funktionen haben.

- Emotionen kommunizieren;
- Definieren Sie Beziehung und Status;
- Definieren Sie Eindrücke.

Die Pupillengröße ist ein weiteres Element der nonverbalen Kommunikation, im Zusammenhang mit den Augen. Zahlreiche Studien haben den Zusammenhang zwischen dem Interesse einer Person an einem Gegenstand oder Objekt und der Größe ihrer Pupillen untersucht. Im Allgemeinen weitet sich die Schwärze des Auges, wenn die Person an einem gezeigten oder besprochenen Gegenstand, Produkt oder Thema interessiert ist.

Mit etwas Übung kann dies zu einer effektiveren Kommunikation oder, im geschäftlichen Bereich, zu mehr Umsatz und Kundenzufriedenheit führen. Ein kluger Mensch ist nämlich in der Lage, die Pupillenerweiterung zu erkennen, wenn er sich mit anderen vergleicht oder wenn ein Kunde Artikel begutachtet.

Wenn zum Beispiel ein Kunde in einem Geschäft nur mäßiges Interesse an einem Artikel zeigt, nachdem er den Preis beanstandet hat und sich für einen anderen entscheidet, kann der Verkäufer möglicherweise zusätzliche Merkmale und Vorteile des ursprünglichen Artikels beschreiben, um die Entscheidung des Kunden zu beeinflussen.

Wie bei allen anderen Aspekten der nonverbalen Kommunikation ist es gut zu wissen, dass man die Botschaft auch falsch interpretieren kann. Dies kann vermieden werden, indem man genau auf den Tonfall und andere Signale achtet.

EINDRUCK I

Wir alle kennen die Körpersprache, aber ist uns bewusst, welche enorme Rolle sie im täglichen Umgang miteinander spielt? Wie wichtig ist es für Sie, zu wissen, welche Wirkung Sie auf andere Menschen haben?

Diese Informationen sind so wertvoll, dass sie unbezahlbar sind.

Professor Albert Mehrabian, ein Pionier der zwischenmenschlichen Kommunikationsforschung in den 1960er Jahren, prägte den Begriff "Körpersprache". Seine Forschungen an der Universität von Kalifornien, Los Angeles, erweiterten unser Wissen über Körpersprache und nonverbale Kommunikation mit einigen klugen Entdeckungen über die Art und Weise, wie Menschen miteinander umgehen.

Hier sind seine Bemerkungen:

- 7 % jeder Kommunikation bestehen aus den tatsächlich gesprochenen Worten;
- 38 % jeder Botschaft hängt von der Art und Weise ab, wie die Worte ausgedrückt werden;
- 55 % jeder Botschaft hängen vom Gesichtsausdruck ab.

Dies bedeutet, dass mehr als die Hälfte der Bedeutung einer Nachricht durch das Aussehen des Sprechers vermittelt und interpretiert wird: traurig, glücklich, wütend, enttäuscht, unsicher, selbstbewusst, arrogant, ruhig, aufgeregt, gelangweilt, amüsiert usw.

Fast 40 % der Botschaft wird durch den Tonfall oder den Eindruck vermittelt, den die gesprochenen Worte und damit die Körpersprache einer Person beim Sprechen vermitteln. Wirkt die Person verärgert, glücklich, kalt oder übererregt? Wirkt er/sie nonchalant, angespannt, sorglos, erschrocken oder übermäßig selbstgefällig? Die Liste der Dinge, die wir durch die Untersuchung dieser Art von stiller Kommunikation verstehen könnten, ließe sich beliebig fortsetzen.

Diese Zahlen sind von grundlegender Bedeutung für jede Interaktion mit einer Person, insbesondere mit einem Fremden.

Denn wir alle bilden uns schnell ein Urteil über die Menschen, denen wir begegnen und das geschieht in dem Moment, in dem wir sie treffen.

WIE ANDERE SICH EINEN EINDRUCK VERSCHAFFEN, WIRD VON DER KÖRPERSPRACHE BEEINFLUSST.

Wer verhält sich bei einem Treffen am attraktivsten? Und wer vermittelt diesen Eindruck, wie verhält er/sie sich?

Manche Menschen sind besonders geschickt darin, zu beeindrucken, indem sie das Beste aus der Idee machen, dass "weniger mehr ist".

Es gibt genaue Gründe für die Art und Weise, wie wir von anderen wahrgenommen werden, und diese sind auf die Art und Weise zurückzuführen, wie wir die Körpersprache wahrnehmen.

Die Forschungen von Albert Mehrabian ergaben einen Zusammenhang zwischen der Beherrschung der gesprochenen Sprache und der Anzahl der Gesten, die zur Übermittlung der Botschaft eingesetzt werden.

Diese kultivierten Fachleute haben gelernt, mit kurzen, emotionslosen Worten zu kommunizieren, die nur minimale Bewegungen erfordern. Selbst unter Stress bleiben sie relativ ruhig.

Wie bei 007 ist die Wirkung des Selbstbewusstseins und des Gefühls der Kontrolle über andere unvergleichlich. Anhand dieser Eindrücke kann man sich leicht eine Meinung über seine Intelligenz und seinen Status bilden.

Im Gegenteil, dieselbe Studie hat ergeben, dass eine sehr energische Person, die viele Gesten verwendet, ihren Mangel an Kraft und ihre Neigung zur Einschüchterung betonen könnte. Jim Carrey ist in all seinen überdrehten Rollen das beste Beispiel für dieses Konzept; seine Körpersprache deutet auf eine reaktive Haltung hin.

Das Muster, nach dem sich die Körpersprache einer Person richtet, beginnt immer mit ihrem Denkprozess, gefolgt von ihren Emotionen. Um die andere Person zu verstehen, beobachten wir daher die Korrelation zwischen den gefühlten Emotionen und den Gesten.

Glücklicherweise ist der erste Eindruck nicht für immer: Es ist möglich, die Körpersprache und den Eindruck anderer zu verändern.

DOMINANZ, MACHT UND STATUS

In den meisten Fällen können wir mit Hilfe von Überzeugungsarbeit flüssiger sprechen und unsere Ziele erreichen. In diesem Zusammenhang müssen wir jedoch immer daran denken, dass wir immer kommunizieren. Selbst wenn Sie schweigend sitzen, kommunizieren Sie mit den Menschen um Sie herum; oder die Art und Weise, wie Sie gehen, vermittelt den Menschen um Sie herum eine Botschaft.

Und wenn Sie sich in Gesellschaft befinden, werden die Bedeutungen durch die Art und Weise, wie Sie lächeln, sich ausruhen und sitzen, an andere weitergegeben. Wenn eine Person wütend auf Sie ist und sich weigert, mit Ihnen zu sprechen, kommuniziert sie tatsächlich und übermittelt eine Botschaft des Ärgers.

Dieser ausführliche Einblick in drei grundlegende Methoden der Überzeugung mit Körpersprache hilft Ihnen, ein überzeugenderer Kommunikator zu werden:

- Verschränkte Arme: Eine Person mit verschränkten Armen wirkt defensiv und zurückhaltend. Wenn Sie mit einer solchen Armhaltung kommunizieren, wird Ihre Botschaft als negativ wahrgenommen und Sie werden Ihren Gesprächspartner weniger erfolgreich davon überzeugen können, Ihren Standpunkt zu akzeptieren. Halten Sie Ihre Arme immer offen!

- Finger oder Hand über dem Mund oder der Nase: Haben Sie schon einmal jemandem eine Frage gestellt und eine höfliche Antwort erhalten, während sich die andere Person mit dem Finger über den Mund kratzt oder die Handfläche über den Mund hält? Dies ist ein häufiges Anzeichen für eine Lüge: Die Person sagt zwar etwas, aber sie schützt ihren Mund unbewusst vor der Lüge, die sie erzählt. Halten Sie Ihre Finger und Hände von Ihrem Mund und Ihrer Nase fern!

- Haben Sie schon einmal eine Person beobachtet, die mit gesenktem Kopf, hängenden Schultern und den Händen in den Taschen geht? Sie haben wahrscheinlich gedacht, wie traurig oder wütend diese Person ist. Beim Gehen sollte man bescheidene Schritte in einem bescheidenen Tempo machen und mit geradem Rücken stehen, die Schultern zurück und den Blick nach vorne gerichtet.

Die Körpersprache kann der entscheidende Faktor sein, der Sie daran hindert, einen Verkauf abzuschließen, eine Beförderung zu erhalten oder das andere Geschlecht von Ihrem Interesse an ihm zu überzeugen. Als Menschen sind wir auf andere angewiesen und müssen regelmäßig mit ihnen sprechen, um erfolgreich zu sein. Wenn wir Leid und Konflikte vermeiden wollen, müssen wir uns bemühen, diese Gespräche zu meistern. Die Anwendung von Überzeugungstechniken wird Sie auf die Überholspur bringen, um ein höheres Gehalt zu verdienen, das andere Geschlecht sofort anzuziehen und die vollständige Kontrolle über Ihr Leben zu haben.

KÖRPERSPRACHE UND KÖRPERLICHE INTIMITÄT

Hier sind elf Stufen der stillen Kommunikation in einem intimen Kontext, beginnend mit den ersten Annäherungsversuchen und endend mit körperlicher Intimität.

Im Allgemeinen geht es darum, im Voraus zu verstehen, was passieren wird und zu wissen, wie man am besten darauf reagiert.

Denken Sie daran: Achten Sie bei der Interpretation der Körpersprache eher auf Gruppen von Verhaltensweisen als auf eine einzelne Handlungen.

- Konzentrieren Sie sich auf den Körper: Wenn eine formelle Interaktion informeller wird, verlagert sich der Blick vom oberen geschäftlichen Dreieck (rechtes Auge - linkes Auge - Nase und zurück zum rechten Auge) auf den unteren Teil des Gesichts und den oberen Rumpf. Achten Sie auf diese Veränderung der Haltung, die mit einer Veränderung der Körperhaltung des Gesprächspartners einhergehen kann, z. B. indem er sich leicht nach hinten beugt, um Ihr Gesicht besser sehen zu können.

- Blickkontakt: Mit zunehmender Intimität nimmt auch der Blickkontakt zu, was zu tiefen und langen Blicken führt. In einem solch erotisch aufgeladenen Moment vermittelt das Vermeiden von Blickkontakt Unsicherheit oder Desinteresse.

- Die Hand nimmt Kontakt auf: In der Regel ist der Kontakt leicht, aber anhaltend. Sie kann auch als zufällige Berührung oder als sozial akzeptables Verhalten getarnt sein, z. B. wenn man einer Person die Hand unter den Ellbogen legt, um ihr in einem überfüllten Raum zu helfen.

- Die Hand berührt die Schulter: Auch hier kann die Botschaft in sozial akzeptablem Verhalten versteckt sein. Bis zu diesem Moment können sich beide Parteien aus der Konfrontation zurückziehen und so tun, als wäre sie nie geschehen. Wenn Sie derjenige waren, der den Annäherungsversuch unternommen hat, werden Sie nicht allzu viel Würde verlieren. Ist die Mauer des Schweigens jedoch erst einmal durchbrochen, gibt es kein Zurück mehr, ohne dass der eigene Stolz ernsthaft verletzt wird.

- Der Arm umschließt die Taille: Dies zeigt den Wunsch nach einer viel tieferen Bindung an. Wenn dies akzeptiert wird, wird die nächste Stufe schnell erfolgen.

- Mund-zu-Mund-Kontakt: Sobald ein Kuss ausgetauscht wird, werden chemische Informationen von einer Person zur anderen gesendet. Der Kuss fügt der Interaktion weitere Sinne hinzu: Geschmack und Geruch. Nicht nur der Speichel trägt zum Geschmack bei, sondern auch die Körpertemperatur. Die normale, gesunde Temperatur des menschlichen Körpers liegt bei 37° C (98,4° F). Die Hauttemperatur ist jedoch immer niedriger und variiert je nach unserem emotionalen Zustand.

- Wenn wir beunruhigt oder ängstlich sind, sinkt unsere Körpertemperatur. Wenn wir ruhig oder sexuell erregt sind, steigt unsere Körpertemperatur an.

  In den intimsten Phasen einer sexuellen Erfahrung sendet ein Absinken der Körpertemperatur eine Botschaft an unseren Sexualpartner, der dies in der Regel als mangelndes Interesse, Ekel, Unbehagen oder Ablehnung wahrnimmt. Emotional frigide Menschen sind wahrscheinlich auch körperlich kalt. Wenn man einen Mann oder eine Frau als "warme Person" bezeichnet oder von einer "warmen Umarmung" spricht, kann dies wörtlich verstanden werden. Wenn sie leidenschaftlicher werden, werden "warme Menschen" tatsächlich wärmer und ihr Partner interpretiert dies genau als einen Hinweis auf ihren emotionalen Zustand.

- Eine Hand streichelt den Kopf: Frauen greifen im Allgemeinen eher nach dem Kopf als Männer. Da der Schädel so empfindlich ist, zeigt eine Hand, die ihn streichelt, ein größeres Vertrauen zwischen zwei Personen an. Nur Menschen, denen wir uns nahe fühlen, können unseren Kopf berühren, ohne dass wir zusammenzucken.

- Die Hand streichelt den Körper durch die Kleidung hindurch oder indem sie die Unterseite erkundet. Manche Menschen schließen die Augen, um sich auf den Temperatur- und Geruchssinn zu konzentrieren, aber es ist viel effektiver, Blickkontakt herzustellen und die Augen offen zu halten. Neben den visuellen, taktilen, auditiven und gustatorischen Sinnen wird auch der Geruchssinn eingesetzt. Der Geruchssinn trägt dazu bei, bei körperlicher Nähe Emotionen auszulösen und er reagiert empfindlicher auf den charakteristischen Duft des Sexualpartners. Gerüche haben eine starke Wirkung auf das neurologische System und erreichen die Regionen des Gehirns, die für die Verarbeitung von Erinnerungen und Lust zuständig sind. Wenn Sie diese Phase der körperlichen Intimität abwarten, ist der beste Tipp, Parfüm sparsam zu verwenden und den natürlichen Körpergeruch für sich wirken zu lassen, anstatt ihn mit künstlichen Produkten zu überdecken oder zu verbergen. Je wohler man sich mit dem anderen als Individuum fühlt, desto leichter und freudiger wird die Beziehung sein.

Jungs: Lasst sie sich vertraut machen. Frauen, insbesondere diejenigen, die keine Pille nehmen, haben einen hoch entwickelten Geruchssinn und fühlen sich von Parfüm angezogen.

Meine Damen: Lassen Sie Ihren Geruch eine wichtige Rolle spielen; ermutigen Sie ihn, Sie zu riechen, wenn Sie menstruieren. Das ist der physiologische Zustand, der der Brunst oder der Hitze am nächsten kommt.

- Der Mund streichelt den Körper. Wenn dieses Stadium erreicht ist, ist es sehr wahrscheinlich, dass es zu sexuellen Handlungen kommt, wenn die richtigen Umstände gegeben sind.

- Die Hand streichelt die Genitalien.

- Zu diesem Zeitpunkt bleibt nur noch die Phase des genitalen Kontakts.

Zwei weitere Beobachtungen zum Körpergeruch:

- Den Partner zu beschnuppern ist eine sehr sinnliche Übung, aber der unangenehm stechende, penetrante und abgestandene Geruch eines ungewaschenen Körpers kann die positive Wirkung der Pheromone zunichte machen. Um einen frischen Körpergeruch zu entwickeln, sollten Sie vor der Übung duschen und danach auf das Duschen verzichten. Nach dem Schwitzen können sie sich mit Ihrem natürlichen Geruch vertraut machen.

- Wenn sich zwei Menschen treffen, gibt es eine Phase - die im Durchschnitt zwischen 18 Monaten und drei Jahren dauert - in der die Chemikalie der Anziehung in großen Mengen im Gehirn gebildet wird und das sexuelle Verlangen und die sexuelle Aktivität ihren Höhepunkt erreichen.

Der individuelle Körpergeruch der anderen Person ist das, was unser Interesse wach hält. Die positiven Auswirkungen nehmen jedoch mit der Zeit ab, wie bei allen guten Dingen; man beachte diese Daten: Die Scheidungsrate erreicht etwa vier Jahre nach der Heirat ihren Höhepunkt.

DIE BEDEUTUNG DER KÖRPERSPRACHE BEI VORSTELLUNGSGESPRÄCHEN

In der heutigen komplexen Wirtschaft ist es schwierig, einen Arbeitsplatz zu finden. Die derzeitige Rezession ist durch außergewöhnlich hohe Arbeitslosenquoten gekennzeichnet, die es den Arbeitslosen erschweren, den Weg zurück in die Arbeitswelt zu finden.

Zu viele Menschen konkurrieren um zu wenige Stellen, was den Prozess der Stellensuche oft unangenehm, demoralisierend und erfolglos macht.

Es reicht nicht aus, kompetent zu sein und hervorragende Empfehlungen zu haben; oft braucht man einen zusätzlichen Vorteil, um sich von anderen Bewerbern abzuheben. Aber wie kann man dieses gewisse Etwas erreichen? Natürlich, indem Sie Ihre Körpersprache effektiv einsetzen.

Viele Arbeitssuchende sabotieren sich selbst, indem sie nonverbal mangelndes Selbstvertrauen und geringes Selbstwertgefühl vermitteln. Bei Ihrem nächsten Vorstellungsgespräch müssen Sie sich darauf konzentrieren, dies zu verhindern.

Um sich bei einem Vorstellungsgespräch richtig zu präsentieren, müssen Sie Selbstvertrauen und Kompetenz vermitteln. Im Gegenteil: Angst und Unsicherheit wirken sich negativ auf den Eindruck aus, den Sie auf andere machen. Wenn sich in einem Vorstellungsgespräch ein

150

Mangel an Selbstvertrauen in Ihrer Körpersprache niederschlägt, werden Ihre Chancen auf eine Einstellung geschmälert.

Nach Angaben von Personalvermittlungsunternehmen auf der ganzen Welt zeigen Bewerber, die von endlos erscheinenden Vorstellungsgesprächen und erfolgloser Stellensuche genervt sind, negative körpersprachliche Muster, die dazu führen, dass sie bei Vorstellungsgesprächen durchfallen. Nach einer Reihe erfolgloser Vorstellungsgespräche geraten viele Arbeitsuchende in eine Abwärtsspirale, die sich fatal auf ihre Stellensuche auswirken kann: ein Teufelskreis, bei dem kein Ende in Sicht ist.

Die Todesspirale bei Vorstellungsgesprächen tritt nach mehreren erfolglosen Terminen ein: Das mangelnde Selbstvertrauen spiegelt sich in der Körpersprache beim nächsten Vorstellungsgespräch wider, was zum Scheitern beiträgt und das Gefühl der Unsicherheit noch verstärkt. Dieser Kreislauf kann zur Verzweiflung und zur endgültigen Aufgabe der Arbeitssuche führen.

Um diese Abwärtsspirale zu vermeiden, ist es wichtig, Vertrauen zu vermitteln und einen schlechten Eindruck zu vermeiden. Die Beherrschung der Körpersprache und die Vermeidung häufiger Fehler sind entscheidende Faktoren für einen guten und produktiven Auftritt.

Welchen Wert hat die Körpersprache? Einigen Untersuchungen zufolge werden bis zu 93 % Ihrer Wirkung durch andere Faktoren als Worte bestimmt. Es reicht nicht aus, angemessen zu sprechen.

Sie müssen auch das richtige Bild und den richtigen Eindruck über einen nonverbalen Kanal vermitteln.

Beachten Sie bei Ihrem nächsten Vorstellungsgespräch die folgenden fünf Leitlinien zur Körpersprache:

- Geben Sie einen festen Händedruck: Die meisten Menschen glauben, dass ein schwacher und schlaffer Händedruck auf einen zu weichen Charakter hindeutet. Vergewissern Sie sich, dass Ihr Händedruck fest ist und halten Sie einen festen und beruhigenden Blickkontakt.

- Achten Sie auf die Körperhaltung: Es gibt einen klaren Unterschied zwischen einer selbstbewussten Haltung und einer, die ein geringes Selbstwertgefühl vermittelt. Der beste Rat ist derselbe, den Sie vielleicht schon als Kind von Ihrer Mutter gehört haben: Sitzen Sie aufrecht, mit geradem Rücken und den Füßen fest auf dem Boden stehend. Auch hier ist eine gebeugte Haltung ein Hinweis auf ein geringes Selbstwertgefühl oder sogar Apathie.

- Blickkontakt: Konstanter und fester Blickkontakt ist mit Vertrauen, Ehrlichkeit und Kühnheit verbunden.

- Achten Sie auf Ihre Stimme: Experten zufolge werden bis zu 38 % unserer Kommunikation durch unsere Stimme und unsere stimmlichen Qualitäten vermittelt, weshalb wir darauf achten müssen, was wir sagen und wie wir es sagen. Wenn wir ängstlich sind, neigen wir dazu, schneller und mit höherer Stimme zu sprechen, was unsere Autorität untergräbt. Üben Sie, langsam und bedächtig zu sprechen, wie es die Schauspielbranche empfiehlt.

- Achten Sie auf die Körpersprache des Gesprächspartners: Auf dem heutigen umkämpften Arbeitsmarkt reicht es nicht aus, für die Stelle qualifiziert zu sein und über gute Referenzen zu verfügen. Sie müssen den Gesprächspartner davon überzeugen, dass Sie den Auftrag und die Werte des Unternehmens teilen.

Es ist von entscheidender Bedeutung, die Körpersprache des Gesprächspartners richtig zu deuten und entsprechend zu reagieren: Sie müssen genügend "soziale Intelligenz" und Aufmerksamkeit zeigen, um sich von anderen Bewerbern zu unterscheiden.

Die Körpersprache und die fünf oben genannten Facetten der nonverbalen Kommunikation werden Ihre Erfolgschancen bei Ihrem nächsten Vorstellungsgespräch erhöhen. Eine korrekte Körpersprache ist vielleicht keine Garantie für einen Arbeitsplatz, aber eine falsche Körpersprache ist es mit Sicherheit.

WAS SAGT DIE KÖRPERSPRACHE BEI EINEM VORSTELLUNGSGESPRÄCH AUS?

Weniger als 10 % dessen, was wir kommunizieren, kommt aus unserem Mund, während die restlichen 90 % aus der Art und Weise, wie wir es sagen und den Bewegungen unseres Körpers beim Sprechen stammen. Wenn Sie unbequem auf einem Stuhl sitzen, können Sie gelangweilt oder arrogant wirken; wenn Sie die Arme verschränkt halten, vermitteln Sie eine defensive Haltung und wenn Sie mit tiefer Stimme und monotonem Tonfall sprechen, wirken Sie mürrisch und uninteressant.

Für eine korrekte Körpersprache während des Vorstellungsgesprächs sollten Sie darauf achten, dass Sie gerade auf Ihrem Stuhl sitzen, sich leicht nach vorne lehnen und Ihre Hände vor dem Körper verschränken. Sie müssen auch versuchen, sich von Ihrem Körper zu lösen, um zu verstehen, was Sie dem Gesprächspartner mit Ihrer Körperhaltung und Ihren Gesten mitteilen und Ihr Verhalten gegebenenfalls auf andere Bedeutungen umlenken.

Im Folgenden erläutern wir, was Sie dem Gesprächspartner mitteilen sollten und wie Sie Schwierigkeiten vermeiden können.

- Lächeln ist wichtig.

Niemand möchte mit einer mürrischen und uninteressanten Person zusammenarbeiten, da diese Person dem Team schaden wird. Man trifft

154

oft auf Bewerber, die ein Unternehmen verlassen haben, weil sie mit ihrem Team unzufrieden waren und mit langweiligen und mürrischen Personen zusammengearbeitet haben.

Ein besorgtes Lächeln ist einem düsteren Auftreten vorzuziehen; obwohl Lachen in Ordnung ist, sollten Sie es vermeiden, dumme Witze zu machen, nur um ein Lachen hervorzurufen. Das kann oft nach hinten losgehen, vor allem wenn Sie nach dem Witz der Einzige sind, der darüber lacht.

- Achten Sie auf die Handbewegungen.

Die Bewegungen der Hände verraten viel über einen Bewerber, deshalb werden die Interviewer viel Zeit darauf verwenden, sie zu beobachten. Was passiert normalerweise, wenn eine Person während einer Präsentation nervös ist? Die Hände beginnen zu zittern.

Um nicht den Eindruck zu erwecken, dass Sie besorgt sind, schütteln Sie Ihre Hände und legen Sie sie auf Ihren Schreibtisch oder auf Ihren Schoß, wenn Sie nicht am Schreibtisch sitzen. Verschränken Sie Ihre Hände auf keinen Fall im Nacken oder auf dem Kopf, denn das würde auf Arroganz und die Überzeugung hindeuten, dass Sie dem Gesprächspartner überlegen sind. Wenn Sie Ihren Mund oder Ihre Nase berühren, deutet dies auf Unsicherheit hin, wenn Sie Ihr Haar zerzausen, auf Nervosität und wenn Sie Ihre Arme verschränken, auf eine Abwehrhaltung.

- Wie werden die Waffen eingesetzt?

Es ist akzeptabel, während des Sprechens die Arme zu bewegen; Sie müssen jedoch darauf achten, dass diese Bewegungen weder Sie noch den Gesprächspartner zu sehr ablenken.

Oft fuchteln Bewerber so wild mit den Armen, dass man kaum noch weiß, was sie sagen und sich fragt, ob das Bild, das sie in die Luft gemalt haben, für das Gespräch relevant ist. Am besten beschränken Sie Ihre Armbewegungen auf einen quadratischen Kasten vor Ihnen. Das bedeutet, dass Ihre Arme nicht über Ihren Hals, unter den Tisch oder rechts und links von Ihren Schultern wandern dürfen.

Wenn Sie dafür sorgen, dass die Armbewegungen innerhalb dieses Quadrats minimal sind, können Sie sicher sein, dass sich der Gesprächspartner auf Sie konzentriert und nicht auf die Bewegung Ihrer Gliedmaßen.

- Wie sollte der Kopf positioniert werden?

Ein erfahrener Gesprächspartner wird aus den Bewegungen Ihres Hinterkopfes bestimmte Bedeutungen interpretieren. Um den besten Eindruck zu hinterlassen, müssen Sie daher einige wesentliche Elemente beachten. Ein zustimmendes Nicken, während der Gesprächspartner spricht, bedeutet, dass Sie mit dem, was er sagt, einverstanden sind. Dies ist eines der offensichtlichsten körpersprachlichen Signale, aber es ist auch eines der wichtigsten, das man richtig verstehen muss.

Das Neigen des Kopfes zu einer Seite signalisiert dagegen Freundlichkeit und Aufnahmebereitschaft, während das Aufrichten des Kopfes Sicherheit und Gewissheit signalisiert.

- Was ist Ihr Standpunkt?

Die Art und Weise, wie Sie im Vorstellungsgespräch sitzen, ist entscheidend: Wenn Sie in Ihrem Stuhl zusammengesunken sind, könnte man meinen, dass Sie sich keine Sorgen um den Ausgang des Gesprächs machen.

Wenn Sie dagegen einen krummen Rücken haben und auf den Boden starren, signalisieren Sie einen Mangel an Selbstvertrauen. Nachdem Sie dem Gesprächspartner die Hand geschüttelt und sich hingesetzt haben, sollten Sie eine aufrechte und selbstbewusste Haltung auf dem Stuhl beibehalten. Auf diese Weise vermitteln Sie den Eindruck, dass Sie sich wohl fühlen und selbstbewusst sind.

- Es kommt nicht darauf an, was Sie sagen, sondern wie Sie es sagen.

Verkaufstrainer sagen oft: "Nicht was Sie sagen, sondern wie Sie es sagen, schafft Vertrauen, dass Sie die Wahrheit sagen". Dasselbe gilt für die Körpersprache während eines Vorstellungsgesprächs und Sie müssen sicherstellen, dass Sie auf Augenhöhe mit Ihrem Gesprächspartner sprechen.

Um Vertrauen und Kompetenz zu gewährleisten, müssen Sie klar und kontrolliert sprechen. Wenn Sie monoton klingen, sind Sie uninteressant und niemand wird Sie einstellen wollen. Scheuen Sie sich nicht, beim Sprechen Pausen zu machen, um bestimmte Wörter zu betonen.

• Wohin schauen Ihre Augen?

Es ist unglaublich schwierig, den richtigen Blickkontakt zu halten, aber äußerst wichtig. Wenn Sie während eines Vorstellungsgesprächs keinen ausreichenden Blickkontakt herstellen, wirken Sie vielleicht distanziert und unsicher, aber wenn Sie den Gesprächspartner anstarren, haben Sie den Effekt, dass er sich unwohl fühlt, dass Sie ihn stören.

Niemand mag es, angestarrt zu werden und der Gesprächspartner ist da keine Ausnahme. Es ist ein schmaler Grat, ob man es richtig macht oder ob man seltsam wirkt. Die allgemeine Empfehlung lautet, den Gesprächspartner immer anzustarren, ihm aber nicht direkt in die Augen zu schauen. Stattdessen sollten Sie das Gesicht des Gesprächspartners umrunden und sich zunächst auf die Augen, dann auf die Nase oder die Lippen und schließlich auf eine Gesichtshälfte konzentrieren. Auf diese Weise wirken Sie natürlich, ohne den Eindruck zu erwecken, dass Sie den Gesprächspartner anstarren. Auch das Abwenden des Blicks nach 5-10 Sekunden kann ein guter Kompromiss sein.

Die positive Körpersprache entsteht durch das Vertrauen in die Vorbereitung auf das Vorstellungsgespräch, das nur durch Vorbereitung erreicht werden kann.

DIE FALLSTRICKE DER KÖRPERSPRACHE BEI EINEM VORSTELLUNGSGESPRÄCH

Hier sind einige der schwerwiegendsten Fehler der Körpersprache in Vorstellungsgesprächen:

- Als unehrlich wahrgenommen werden:

Wenn Sie den Blickkontakt mit einer anderen Person vermeiden, wirken Sie unaufrichtig, denn Blickkontakt wird als Zeichen der Ehrlichkeit angesehen. Bedenken Sie, welche Folgen es hat, wenn Sie unehrlich erscheinen, wenn Sie über Ihre beruflichen Erfolge sprechen. Tragisch! Aber es sind nicht nur die Augen, die von Ihrem Erscheinungsbild ablenken.

Stellen Sie sich vor, Sie unterhalten sich mit jemandem, der sich beim Sprechen den Mund zuhält, die Nase kräuselt, mit den Ohrläppchen spielt oder die Arme verschränkt. All diese Elemente sind universelle Symptome für Unehrlichkeit, die wir alle intuitiv erkennen.

Weitere Tipps für ein ehrliches und offenes Auftreten: Halten Sie Blickkontakt und verschränken Sie während des Gesprächs nicht die Arme, halten Sie Ihre Hände offen und auseinander, ohne die Finger zu verschränken oder zu verknäulen, erlauben Sie sich Bewegungen, um Ihren Standpunkt zu verdeutlichen, aber halten Sie diese klein und begrenzt.

- Als unfreundlich wahrgenommen werden:

Wenn Sie nicht lächeln, wirken Sie mürrisch. Während ein unehrliches Auftreten die Glaubwürdigkeit Ihrer Fähigkeiten untergraben kann, schadet ein fehlendes Lächeln Ihrem Image.

Bei der Arbeit geht es nicht darum, Freundschaften zu schließen, sondern um Zusammenarbeit, und wenn Sie nicht lächeln, wirken Sie kalt, desinteressiert und sogar arrogant: kurz gesagt, Sie sind kein Teamplayer. Oft wird eine ernste Haltung mit einem professionellen Auftreten in Verbindung gebracht, so dass man nicht lächelt.

Dies ist jedoch ein falscher und kontraproduktiver Glaube: Lächeln ist ein erster Schritt, um eine Verbindung herzustellen, und wenn man nicht lächelt, wirkt man distanziert. Das Lächeln ist der überzeugendste Aspekt Ihrer Körpersprache; wenn es aufrichtig ist, ist es eine universelle Botschaft der Wärme, die jeder versteht und schätzt.

- Mangelnder Respekt:

Wie wäre es mit einem schwachen oder zu festen Händedruck? Das zeigt, dass Sie keinen Respekt haben. Erinnern Sie sich an die Ursprünge des Händedrucks: Unbewaffnete Männer kamen zusammen, um zu reden und zusammenzuarbeiten. Der Händedruck hat sich entwickelt, um in diesem Zusammenhang Charakterstärke und

Aufgeschlossenheit zu vermitteln. Vor diesem Hintergrund erkennen wir sofort, dass ein schwacher Händedruck sanftmütig wirkt, während ein fester Händedruck dominant erscheint.

In beiden Fällen mangelt es an Respekt vor der eigenen Person oder dem Gegenüber. Denken Sie auch hier daran, beide Hände zu zeigen, selbst wenn nur eine zum Schütteln benötigt wird und üben Sie den angemessenen Druck aus, um Rücksicht zu nehmen - auf beide Parteien.

- Ängstlich erscheinen:

Haben Sie schon einmal neben jemandem gesessen, der oft sein Gesicht berührt hat? Oder der ständig seine Kleidung glättet? Oder der versucht, unsichtbare Staubpartikel von seinem Mantel zu entfernen? Oder der ständig an seinem Haar herumfummelt?

Wenn Sie ein solches Verhalten schon einmal erlebt haben, werden Sie verstehen: Diese Person schien ziemlich ängstlich zu sein, nicht wahr? Die meisten Gesprächspartner werden Ihre Nervosität verstehen und verzeihen, denn die meisten von uns sind vor dem Vorstellungsgespräch ängstlich.

Übertriebene Nervosität ist jedoch gefährlich, denn sie ist kein gutes Zeichen für Ihr Verhalten bei Sitzungen oder Präsentationen, an denen Sie nach Ihrer Einstellung teilnehmen müssen. Außerdem besteht die

Gefahr, dass ein übertriebenes Auftreten von Angst Ihre Kompetenz in ein schlechtes Licht rückt. Es gibt viele Strategien, um die Nervosität vor einem Vorstellungsgespräch zu bekämpfen; meine Favoriten sind das tiefe Atmen und die Moderation des inneren Dialogs.

Versuchen Sie, die Technik(en) zu finden, die für Sie am besten geeignet ist (sind), damit die Nervosität bei einem Vorstellungsgespräch nicht Ihre Leistung beeinträchtigt und Ihnen einen großen Schaden zufügt.

- Vermittelt den Eindruck von Faulheit:

Stellen Sie sich jemanden vor, der in seinem Stuhl zusammengesackt ist, sich zu sehr gegen die Rückenlehne lehnt oder sogar seinen Knöchel auf dem gegenüberliegenden Knie abstützt.

Was wäre Ihr Eindruck, wenn Sie Zeuge eines solchen Verhaltens wären? Auf eine faule Person? Oder von einem müden Menschen? Oder gar auf einen arroganten Menschen? Manche Menschen sind so sehr darauf bedacht, bei einem Vorstellungsgespräch entspannt zu wirken, dass sie ein Verhalten an den Tag legen, das eher zu einem geselligen Beisammensein passt. Mit einer solchen Haltung wirkt man weder selbstbewusst noch entspannt, sondern eher falsch.

Je nach Gesprächspartner können Sie folgende Eindrücke von sich vermitteln: Demotivation, Desinteresse, Unzuverlässigkeit,

Langeweile oder Überheblichkeit. Am Ende werden Sie keinen guten Eindruck machen und keine Punkte sammeln.

Deshalb rate ich Ihnen, die Füße auf den Boden zu stellen und sogar den Stuhl abzusenken. Richten Sie Ihren Rücken auf, unabhängig davon, ob Sie normalerweise mit der Stuhllehne in Kontakt sind. Um Interesse zu zeigen, können Sie sich leicht nach vorne lehnen, ohne sich zurückzulehnen.

- Bedürftig erscheinen:

Das letzte, aber nicht unwichtigste Problem der Körpersprache ist das Schlurfen mit den Füßen. Dies lässt Sie nicht nur besorgt, sondern auch bedürftig erscheinen.

Das Gleiche gilt, wenn Sie sich zu nah an den Gesprächspartner oder zu weit nach vorne an den Tisch lehnen: Das zeigt, dass Sie verzweifelt nach Arbeit suchen, zu ängstlich sind und Ihnen das Vertrauen fehlt.

Ich weiß, dass diese Sammlung von körpersprachlichen Problemen ziemlich beunruhigend sein kann.

Um herauszufinden, in welche Fallen Sie tappen könnten, üben Sie mit einem Freund und bitten Sie ihn oder sie, während des Vorstellungsgesprächs ein wenig streng mit Ihnen zu sein: Wir wollen, dass Sie sich nervös fühlen, sonst ist die Erfahrung nicht authentisch.

Wenn Sie sich während eines Vorstellungsgesprächs wirklich und realistisch unwohl fühlen, werden Ihre Schwächen zum Vorschein kommen. Es ist also sehr wichtig, an Ihren Schwächen zu arbeiten.

IMPRESSIONSMANAGEMENT

Das Wissen darüber, wie Eindrücke gesteuert werden, insbesondere der erste Eindruck, d.h. wie Menschen die Meinung anderer projizieren und wahrnehmen, ermöglicht es einer Führungskraft oder einem Verwalter, die Persönlichkeiten und Motivationen der an einem Konflikt Beteiligten zu verstehen.

Die meisten Menschen werden ihr bestes "Gesicht" aufsetzen, wenn sie Sie brauchen oder andere beeindrucken wollen, aber sie können auch wählerisch sein und in verschiedenen Situationen unterschiedliche "Gesichter" zeigen.

Wenn eine Person in einer Position der Autorität über andere ist, kann sie fälschlicherweise einen Hauch von Überlegenheit ausstrahlen, der die Menschen unter ihrem Kommando irritieren könnte.

Um besser zu verstehen, wie wichtig es ist, die Eindrücke anderer zu verstehen, wollen wir den folgenden Fall schildern. Um einen Konflikt zwischen dem Pflegedienstleiter - einem Mann - und der Reinigungskraft - einer Frau - zu lösen, muss der Verwalter der Langzeitpflegeeinrichtung verstehen, wie die beiden sich gegenseitig sehen. Wenn die beiden Streitparteien jedoch mit dem Verwalter konferieren, zeigen sie ihr bestes "Gesicht". Sie sind stets höflich, freundlich, respektvoll und dankbar für ihre Arbeit.

Die Verwalterin erfährt jedoch schnell von der Reinigungskraft, dass der Leiter der Unterstützungsdienste sie anders behandelt als sie ihren Chef. Die Frau behauptet, dass sie von dem Moment an, als der Manager sich ihr vorstellte, zu reagieren begann, weil sie es nicht schätzte, mit einer solchen Autorität und Missachtung behandelt zu werden.

Dieses Szenario könnte in vielen Unternehmen vorkommen, in denen mittlere Führungskräfte sich mit ihren Vorgesetzten gut stellen, aber ihre Untergebenen mit weniger Respekt behandeln.

Manager oder Geschäftsführer, die viele Machtebenen beaufsichtigen, müssen beobachten und verstehen, wie jeder in ihrer Organisation mit Eindrücken umgeht, um Probleme effektiv zu lösen.

Als Konfliktmanager können wir dazu beitragen, Konflikte zu vermeiden, indem wir eine Arbeitskultur fördern, die zur Kommunikation anregt und Vorurteile oder Eindrücke ausräumt.

Ein gesundes Arbeitsumfeld ist zwangsläufig aufgeschlossen und engagiert, um zu lernen, wie verschiedene Persönlichkeitstypen mit ihren Eindrücken umgehen und sie verarbeiten. In manchen Fällen erfordert dies Anstrengungen und Gespräche mit vielen Personen.

 Die Mühe wird jedoch langfristig durch die Vermeidung von Missverständnissen, Fehlkommunikation und Konflikten belohnt.

Impression Management besteht darin, die eigene Selbstdarstellung und das eigene Verhalten in bestimmten Kontexten zu manipulieren, um den Eindruck zu beeinflussen, den man bei anderen hinterlässt. Es besteht also darin, sein eigener Publizist zu sein - den eigenen positiven Ruf aktiv zu bewahren und anderen zu ermöglichen, den eigenen Wert zu erkennen.

Obwohl der Begriff "Impression Management" wie eine Modeerscheinung klingen mag, gibt es das Konzept schon seit langem.

TECHNIKEN DES EINDRUCKSMANAGEMENTS

- Zeigen Sie stets ein professionelles und gepflegtes Erscheinungsbild.

Wenn Sie eine Hauptrolle spielen wollen, müssen Sie sich entsprechend kleiden!

Dazu gehört, dass Sie sich im Arbeitsumfeld professionell und elegant kleiden und sich an die Kleiderordnung halten, die für die von Ihnen ausgeübte Tätigkeit angemessen ist.

Ihre Kleidung muss sauber, gebügelt und einigermaßen neu sein. Außerdem sollte Ihr Erscheinungsbild gepflegt sein, um zu zeigen, dass Sie sich Ihres Aussehens bewusst sind und dass Sie sich bemühen, gut auszusehen.

- Verwenden Sie eine positive und angemessene Körpersprache.

Es ist wichtig, eine höfliche und selbstbewusste Körpersprache zu entwickeln, einen angenehmen Blickkontakt aufrechtzuerhalten, zu lächeln, wenn es angebracht ist, sei es ein "soziales" Lächeln oder ein echtes Lächeln des Glücks und Selbstvertrauen und Selbstachtung zu zeigen, indem man aufrecht und aufrecht steht, den Kopf hochhält und die Schultern zurückzieht, einen festen, aber nicht übertriebenen Händedruck gibt und mit offenen Händen argumentiert.

- Verwenden Sie beeindruckende Wörter und Sätze.

Verwenden Sie eine zuversichtliche und optimistische Sprache, wenn Sie Ihre Gedanken darlegen. Seien Sie auch gegenüber den Gedanken anderer ermutigend.

Achten Sie genau auf die Sprachmuster und Ausdrücke Ihrer Kollegen, insbesondere Ihrer Vorgesetzten. Welche Art von Sprache empfindet Ihr Vorgesetzter als motivierend oder inspirierend? Wenn Sie die Worte und Sätze verwenden, die bei ihm oder ihr Anklang finden, können Sie die Kommunikation effektiver und positiver gestalten, um die gewünschten Ziele zu erreichen.

- Zögern Sie nicht zu werben.

Sie denken vielleicht, dass die Qualität Ihrer Arbeit für sich selbst spricht, aber nur, wenn die richtigen Leute davon wissen.
Wie können Sie den Umfang Ihrer besten Bemühungen verstärken? Scheuen Sie sich nicht, Ihre Leistungen anzuerkennen und darüber zu sprechen.
Erinnern Sie sich an Ben Franklins Philosophie: Es schadet nicht, ab und zu gesehen zu werden, wenn man seine Arbeit nach Hause bringt.

Denken Sie daran, dass Selbstdarstellung im Wesentlichen Werbung ist. Die Verwaltung des persönlichen Eindrucks ist keine Ausnahme von dem Sprichwort, dass Ehrlichkeit die beste Politik ist, da Werbung immer wahrheitsgemäß sein sollte.

Die meisten Menschen neigen eher dazu, ihre Leistungen herunterzuspielen, als sie zu übertreiben. Dies gilt vor allem für Frauen, denen es oft unangenehm ist, mit ihren Leistungen zu "prahlen".

Aber sehen Sie es doch einmal so: Wenn Ihre Beiträge wirklich nützlich sind, werden Ihre Vorgesetzten und Kollegen genauso viel wissen wollen wie Sie selbst.

Bei der Selbstförderung geht es nicht nur um die eigene Entwicklung, sondern auch um die wirksame Artikulation der eigenen Kompetenzen, damit man dem Team seine besten Ressourcen zur Verfügung stellen und ein Bezugspunkt für sie sein kann.

- Herstellung von Verbindungen innerhalb des Arbeitsplatzes.

Entwickeln Sie herzliche und konstruktive Beziehungen zu Ihren Kollegen und Vorgesetzten, um Ihre Position innerhalb der Gruppe zu stärken. Das bedeutet nicht, dass Sie vor Ihrem Chef mit Ihrer Leidenschaft für Katzen angeben müssen, selbst wenn Sie allergisch auf Katzen reagieren.

Es ist sehr wahrscheinlich, dass Sie mindestens ein oder zwei Eigenschaften mit allen Kollegen in Ihrem Büro teilen. Nutzen Sie diese Hobbys oder ähnlichen Erfahrungen, um eine echte Beziehung zu Ihren Kollegen aufzubauen.

- Ein guter Mannschaftskamerad sein.

Seien Sie bereit, Ihren Teamkollegen oder Vorgesetzten gelegentlich den Rücken zu decken.

Das bedeutet nicht, dass Sie ständig die Schuld für die Inkompetenz anderer übernehmen müssen, aber manchmal können Fehler in unpassenden Momenten auftreten.

Wenn Sie dazu beitragen können, die Folgen abzumildern, tun Sie das. Indem Sie Ihren Kollegen helfen, ihren beruflichen Ruf zu wahren, verdienen Sie sich deren Dankbarkeit und Respekt und sie werden Ihnen in einer ähnlichen Situation eher helfen.

Ihr Ruf ist ein wichtiges Gut im heutigen Wettbewerbsumfeld. Entwickeln und schützen Sie ihn wie jeden anderen Vermögenswert auch.

Was 1868 funktionierte, funktioniert auch heute noch: Sie können Ihre hervorragende Arbeit für sich selbst sprechen lassen, aber Sie müssen sie mit einem Kommunikationsnetz versehen.

HERVORRAGENDE PRÄSENTATIONEN

Hier erfahren Sie, wie Sie eine Präsentation zum Glänzen bringen können. Die goldene Regel lautet jedoch, dass Sie immer Ihr Bestes geben sollten: Eine unzureichende Vorbereitung ist nichts anderes als die Vorbereitung auf einen Misserfolg!

- Vorbereitung und Übung: Studieren und bereiten Sie Ihre Rede sorgfältig vor und proben Sie sie mindestens fünfmal vor dem Spiegel oder bis Sie sich sicher fühlen. Große Redner kennen ihre Rede perfekt, wirken aber spontan, wenn sie sie halten.

  Wenn Sie Ihren "Text" kennen und sich damit wohlfühlen, können Sie sich auf den Blickkontakt, die Aussprache und die Einbeziehung des Publikums konzentrieren.

- PowerPoint und andere Hilfsmittel sollten niemals als Krücke benutzt werden; diese Hilfsmittel sollten Ihre Ausführungen ergänzen und illustrieren, aber niemals ersetzen.

  Der einfachste Weg, um festzustellen, wie abhängig Sie von diesen Hilfsmitteln sind, ist, sich zu überlegen, was passieren würde, wenn Ihr PowerPoint abstürzt; wären Sie in der Lage, Ihre Präsentation ohne sie fortzusetzen? Wenn nicht, müssen Sie Ihre Präsentation überdenken und Ihre Worte autonomer und unabhängiger von diesen digitalen Hilfsmitteln gestalten.

- Passen Sie den Inhalt an Ihr Publikum an: Wenn es sich um eine Rede nach dem Essen handelt, sollten Sie viel Humor einbringen. Wenn Sie über ein Thema sprechen, in dem Sie ein Experte sind, sollten Sie sachkundig, faszinierend und fesselnd sein.

- Halten Sie die Rede kurz und unterhaltsam: Zehn Minuten reichen aus, um die Aufmerksamkeit der Zuhörer zu halten und sie neugierig auf mehr zu machen! Nutzen Sie die verbleibende Zeit für Fragen und Antworten. Wer hat sich schon einmal über eine zu kurze Rede beschwert?

- Üben Sie Ihre Rede mit einem Partner oder einem engen Freund und bitten Sie ihn um Feedback und eventuelle Zeitvorgaben.

- Es gibt nichts Schlimmeres als eine technische Panne, die Sie aus der Bahn wirft. Vergewissern Sie sich also, dass Ihr Mikrofon und Ihre Ausrüstung funktionieren und dass der Pegel überprüft wurde, damit das Publikum Sie hören kann.

SICH IN REDEN HERVORTUN

Im Folgenden finden Sie Vorschläge und Ansätze für das Verfassen und Halten von Reden.

- Verwenden Sie einen einprägsamen Titel: Ein guter Titel zieht nicht nur die Aufmerksamkeit der Zuhörer auf sich, sondern weckt auch ihre Neugier und kann dazu beitragen, die Veranstaltung und die Begeisterung der Zuhörer zu fördern.

- Die besten Redner ziehen die Aufmerksamkeit auf sich, weil sie auf einfache Art und Weise sprechen, ohne die Zuhörer mit Jargon, Management- oder komplexer Fachsprache zu verwirren.

  Menschen, die dies tun, verstehen ihr Thema entweder nicht gut genug, um es mit einfachen Worten zu erklären, oder sie haben einen kreativen Bypass oder sind deshalb geboren, um langweilig zu sein.
  Hier ein hervorragendes Beispiel für nutzlosen und entfremdenden Unsinn: *"Die neoklassische Theorie des endogenen Wachstums und die symbiotische Wechselwirkung zwischen Investitionen in Menschen und Infrastruktur".* - *Der* ehemalige britische Premierminister Gordon Brown.

- Eröffnungs- und Schlusszeilen müssen prägnant sein: Analogien, Dramen und Ablenkungsmanöver sind gute Eröffnungs- und

Eisbrecher und ein wirksames Mittel, um die Zuhörer zu fesseln, die Botschaft zu vermitteln und die wichtigsten Punkte vorzustellen.

- Machen Sie Pausen für einen dramatischen Effekt. So halten Sie die Aufmerksamkeit der Zuhörer aufrecht und verleihen Ihrer Botschaft Intensität und Begeisterung. Denken Sie daran, dass eine Pause vor dem Sprechen eine hervorragende Möglichkeit ist, sich selbst und Ihre Zuhörer zu beruhigen.

- Timing und Intonation: Überstürzen Sie Ihre Worte nicht, aber zögern Sie nicht, das Tempo Ihrer Rede zu variieren, um Ihrer Botschaft Nachdruck, Dramatik und Wirkung zu verleihen. Dies trägt auch dazu bei, das Interesse der Zuhörer zu wecken. Das Gleiche gilt für die Lautstärke und den Tonfall: Mit tiefer oder hoher Stimme zu sprechen, eher fröhlich oder feierlich zu sein, trägt zur dramatischen Wirkung und zum Erhalt der Aufmerksamkeit des Publikums bei.

- Enthusiasmus: Wenn Sie sich für Ihr Thema begeistern können, wird dies auch Ihr Publikum tun. Enthusiasmus verleiht einer Rede Energie und Kraft, also gehen Sie nicht ohne ihn aus dem Haus.

- Blickkontakt bezieht das Publikum mit ein. Schaffen Sie Schwerpunkte im Raum: hinten, an den Seiten, in der Mitte und vor dem Publikum, und richten Sie Ihren Blick abwechselnd auf diese

Punkte. Suchen Sie sich drei oder vier Personen in verschiedenen Bereichen des Raums, an die Sie gelegentlich Gesten und Witze richten können.

- Handgesten, die helfen, Worte und Bedeutung zu vermitteln, sind hervorragend, aber sie müssen natürlich wirken. Die CEOs, die wir gesehen haben, die wie wild gestikulierende Roboter agieren, wurden von ihren PR-Abteilungen angewiesen, dies zu tun. Das lässt Sie in den Augen Ihres Publikums und derer, die Sie beeindrucken und überzeugen wollen, wie ein echter "Schwächling" aussehen!

- Bewegen Sie sich, wenn möglich: Wenn Sie die Möglichkeit haben, sich zu bewegen und den Boden zu benutzen, auf dem Sie sprechen, tun Sie das. Dies ist eine hervorragende Möglichkeit, die Aufmerksamkeit der Zuhörer zu erhalten. Außerdem wird die Präsentation dadurch für die Zuhörer direkter, intimer und persönlicher.

DIE ORGANISATION UND DEN INHALT EINER REDE

- Beginnen Sie mit einer Struktur: Bestimmen Sie die Hauptbotschaft und unterteilen Sie sie in die drei wichtigsten Punkte, die Sie zum Ausdruck bringen wollen. Diese können je nach dem gewünschten Grad der Spezifität weiter unterteilt werden. Zusammenfassend lässt sich sagen, dass die Einleitung den Zuhörern sagen muss, was gesagt wird, der Hauptteil muss die Geschichte erzählen und der Schluss muss das Gesagte zusammenfassen.

- Erzählen Sie den Zuhörern etwas Neues, Fesselndes und Unvergessliches. Erwecken Sie die Geschichte mit realen Beispielen und Erfahrungen zum Leben: Eine wunderbare Methode, um Menschen davon zu überzeugen, Ihnen zuzuhören, ist es, relevante Anekdoten oder Beispiele eigener oder fremder Erfahrungen in die Präsentation für die Zuhörer einzubauen.

- Bauen Sie einprägsame "Einzeiler" und farbenfrohe Metaphern ein: Sie helfen, die Aufmerksamkeit des Lesers zu erregen, sein Interesse zu wecken und Ihre Rede einprägsam zu machen. Hier ein Beispiel: "*Sprich leise und trage einen großen Stock, und du wirst weit reisen*". - Präsident Theodore Roosevelt.

- Verwenden Sie eine prägnante und direkte Sprache, um eine dramatische Wirkung zu erzielen. Die Sätze "Scheitern ist keine

Option" und "Die Zeit ist reif" sind Beispiele für kurze Sätze mit großer Wirkung.

- Verwenden Sie positive Adverbien und Adjektive. Sagen Sie statt *"Wir stehen vor vielen Herausforderungen"* *"Wir stehen vor vielen spannenden Herausforderungen"*; und fügen Sie statt *"Wir werden an unseren Problemen arbeiten"* hinzu *"Wir werden zusammenarbeiten, um unsere Probleme zu überwinden"*.

- Verwenden Sie Alliterationen, um unverwechselbare und zitierfähige Sätze zu bilden, z. B. *"Und ich fiel, wie eine Leiche fällt"*, *"Fiesta verführt dich dreimal"*, *"Er rumpelte, er hüpfte, er rollte"* und *"Na? Benagol!"*.

- Vergleich: mit anderen Organisationen, mit Konkurrenten und mit individuellen Erfahrungen, um aufzuzeigen, was daraus gelernt werden kann.

- Verwenden Sie dreiteilige Sätze, um die Dramatik zu erhöhen. Dieser Ansatz wird "Trikolore" genannt, wie in "Regierung des Volkes, durch das Volk und für das Volk" und "Wir kamen, wir sahen, wir siegten".

- Wiederholung entscheidender Phrasen für dramatische Wirkung. Winston Churchills berühmte Kriegserklärung: "Wir werden an den *Stränden kämpfen, wir werden an den Landungsplätzen*

kämpfen, wir werden auf den Feldern und in den Straßen kämpfen"
ist ein Beispiel dafür.

- Verwenden Sie einprägsame Sätze. Beispiel: *"Ein Pessimist sieht in jeder Gelegenheit eine Schwierigkeit, während ein Optimist in jeder Herausforderung eine Chance sieht"*. Sie sind nützlich, um das Publikum zu Beginn einer Rede oder Präsentation aufzuwärmen. Hier sind einige hervorragende Beispiele: "Es ist *mir egal, wie viel meine Minister reden, solange sie meine Anweisungen ausführen"*. Margaret Thatcher, ehemalige britische Premierministerin.

- Schließen Sie mit einer starken Aussage, die Ihren Einleitungssatz unterstützt. Wenn Sie beispielsweise eine Rede über die Bedeutung der Umgestaltung von Unternehmen halten, könnten Sie mit dem Sprichwort schließen: *"Fortschritt ist ohne Veränderung unmöglich, und wer seine Meinung nicht ändert, kann auch nichts ändern"*. - George Bernard Shaw. Oder: *"Nicht alles, was angesprochen wird, kann geändert werden, aber nichts kann geändert werden, bis es angesprochen wird"*. - James Baldwin.

- Entschuldigen Sie sich nicht für Ihre Anwesenheit! Die Zuhörer haben hohe Erwartungen an Sie; enttäuschen Sie sie nicht, indem Sie sagen, dass Sie nicht sehr gut in öffentlichen Reden sind, dass Sie nicht wissen, warum Sie aufgefordert wurden zu sprechen, dass Sie ängstlich sind oder irgendeine andere Ausrede.

WIE MAN DIE KÖRPERSPRACHE IN PERSÖNLICHEN UND RECHTLICHEN SITUATIONEN EINSETZT

Kommunikation ist eine der wichtigsten Tätigkeiten im Leben. Aufgrund ihrer vielen Facetten ist sie auch anfällig für Fehlinterpretationen. Daher ist es ratsam, sie so gut wie möglich zu verstehen, um andere besser zu verstehen und zu begreifen. Leider werden einige der wichtigsten Aspekte der Kommunikation oft nicht bewusst erkannt, geschweige denn beherrscht.

Körpersprachliche Zeichen gehören zu dieser Kategorie. Bei meiner Arbeit in der Zeugenvorbereitung habe ich erlebt, wie sich Personen in ihrem Auftreten oder ihrer Körpersprache falsch vorbereitet haben, was zu unnötig negativen Konsequenzen führte.

Viele von uns sind sich der unwillkürlichen Botschaften, die wir vermitteln, nicht bewusst. Es ist von Vorteil zu wissen, was wir in jeder Sekunde sagen, egal ob wir mit der Familie, Freunden, Gegnern, Kollegen, der Öffentlichkeit oder als Zeuge vor Gericht kommunizieren.

Selbst wenn wir nicht sprechen, vermittelt unsere Körpersprache Informationen und wenn wir sprechen, sind die Worte selbst nur ein Teil der Botschaft. Viele Mütter haben schon gewarnt: "Sprich nicht so mit mir!".

Der inzwischen legendäre Charles Darwin veröffentlichte Ende des 19. Jahrhunderts "The Expression of the Emotions in Man and Animals". Dieser Aufsatz wurde zur ersten bekannten wissenschaftlichen Studie über Körpersprache und Verhalten, manchmal auch "Haltung" genannt, beim Menschen.

Über die Arten, Erscheinungsformen und Auswirkungen verbaler und nonverbaler Kommunikation und Verhaltensweisen ist eine Vielzahl von Untersuchungen durchgeführt worden.

Obwohl diese Signale oft so schwach sind, dass wir sie nicht wahrnehmen, gibt es Untersuchungen, die ein breites Spektrum von ihnen zeigen.

Im Gegensatz zu Darwin konzentriert sich dieses Kapitel ausschließlich auf den Menschen. Sehr zum Leidwesen der Menschen ist festzustellen, dass Tiere anscheinend viel kompetenter sind als die meisten von uns, wenn es um den Tonfall und die nonverbale Kommunikation geht.

Was bedeutet also die Körpersprache und wie können wir sie erkennen? Zeigt das Verschränken der Arme nur an, dass man sich selbst schützt oder andere daran hindert, einem zu nahe zu kommen, wie gemeinhin angenommen wird? Könnte es auch ein Zeichen für körperliches Unbehagen sein, etwa für Kälte oder Schmerzen?

Könnte es darauf hindeuten, dass sie verängstigt ist? Oder vielleicht wütend?

Wie wäre es, wenn Sie Ihren Blick verlagern oder den Blickkontakt vermeiden? Sie werden oft als Anzeichen für Unehrlichkeit gedeutet. Was aber, wenn die Person schüchtern ist? Vielleicht verwirrt? Oder sogar verängstigt?

Seit den 1970er Jahren, als das Interesse an der Erforschung der Psychologie und der menschlichen Entwicklung zunahm, hat sich die Analyse der Körpersprache erheblich erweitert.

Nach dem berühmten Buch "Körpersprache" von Julius Fast begannen die Medien und einige so genannte "Experten", die allzu einfache Interpretation von Haltungen zu betonen, die defensiv erscheinen, wie das Verschränken von Armen und Beinen.

Obwohl diese nonverbalen Gesten bestimmte Gefühle und Haltungen signalisieren können, zeigt die Forschung, dass die Körpersprache viel subtiler, komplexer und mehrdeutiger ist als bisher angenommen.

Teilweise bezieht sich die Körpersprache auf den unbewussten Gebrauch von nonverbalen Hinweisen.

Vom Gesichtsausdruck über Körperbewegungen und -haltungen bis hin zu dem, was wir nicht sagen oder wie wir etwas sagen.

Wenn man sich der eigenen Körpersprache und des Tonfalls anderer nicht bewusst ist, verliert man Einsicht, Verständnis und vielleicht sogar eine größere Wertschätzung des Lebens.

Die Berücksichtigung vieler Indikatoren ist für eine genaue Interpretation entscheidend.

Um die Signale eines Clusters oder einer bestimmten Gruppe vollständig zu verstehen, müssen die Bedingungen bestimmter Szenarien und Umgebungen berücksichtigt werden, anstatt sich auf eine einzelne Geste (z. B. verschränkte Arme) oder einen einzelnen Tonfall zu konzentrieren.

Es mag überraschen, aber viele Studien haben festgestellt, dass rund 60 Prozent der menschlichen Kommunikation allein auf der Interpretation nonverbaler Botschaften beruht.

27 % dessen, worauf wir reagieren, ist der Ton der Stimme des Sprechers, während die restlichen 13 % die eigentlichen Worte sind. Wir würden nie jemandem glauben, der mit knurrender Stimme sagt, dass er uns liebt.

Wir reagieren ständig auf Zehntausende von nonverbalen Hinweisen und Verhaltensweisen, wie Körperhaltung, Emotionen im Gesicht (einschließlich Mikro-Muskelbewegungen und kleine Veränderungen der Hautfarbe), Augenbewegungen, Gesten und Stimmlagen.

Wir werden sogar durch unsere Mimik beeinflusst! Versuchen Sie einmal, unzufrieden zu sein, während Sie ein breites Lächeln zeigen und schnell gehen.

Vom Händedruck über die Art, wie wir uns bewegen, bis hin zu unserer Kleidung - nonverbale Hinweise verraten mehr über uns, als wir uns vorstellen können. Wenn wir andere Menschen interpretieren und mit ihnen in Beziehung treten, nutzen wir diese Hinweise, oft unbewusst.

Zum Glück gibt es immer Raum für Verbesserungen. Wenn wir lernen, uns mit Hilfe der nonverbalen Sprache mitzuteilen, können wir unser Verständnis für andere verbessern und unsere Botschaft effektiver vermitteln.

Im Allgemeinen sind die Gesichtsausdrücke die Referenz, auf die wir uns am meisten verlassen, vor allem am Anfang.
Denken Sie an die unterschiedlichen Informationen, die ein Stirnrunzeln aus Sorge oder Missbilligung, zusammengebissene Zähne, ein strahlendes Lächeln oder ein verzweifeltes Gesicht vermitteln. Ausdrücke wie Freude, Abscheu, Traurigkeit, Überraschung, Wut und Angst sind universell und leicht zu erkennen, wo immer wir uns auf der Welt befinden.

Ein weiteres bedeutsames nonverbales Verhalten ist der Blickkontakt. Schauen oder nicht schauen, starren oder den Blick abwenden vermitteln immer wieder klare Botschaften.

Auch der oft unbewusste Akt des Blinzelns hat soziale Bedeutung.

Einigen Studien zufolge nehmen Blinzeln und Pupillenerweiterung zu, wenn eine Person auf etwas oder jemanden trifft, den sie schätzt.

Wenn man jemanden ansieht, ohne zu blinzeln, kann dies ein Zeichen für Aggression sein, oder umgekehrt für große Aufmerksamkeit.

Schauspieler mit einer starken Leinwandpräsenz halten ihren Blick oft fest und blinzeln oft und langsam. Der Blick einer Person kann verschiedene Emotionen vermitteln, darunter Antagonismus, Intrigen und Anziehung.

Gesten, wie Winken, Zeigen, Fingerbewegungen und Signale, sind für die Kommunikation von grundlegender Bedeutung.

Die Stärke und/oder Bewegung von Armen, Händen und Fingern vermitteln viel, vom Tanzen bis zur Selbstsicherheit, von einladenden und friedlichen Gesten bis zu feindseligen Haltungen.

Eine sanfte Berührung der Stirn signalisiert Aufmerksamkeit, während eine geballte Faust eine ganz andere Botschaft aussendet.

Die Paralinguistik hingegen bezieht sich auf die vokale Kommunikation, die die gesprochene Sprache begleitet. Sie umfasst die Untersuchung von Stimmklang, Lautstärke, Tonfall, Metrik und

Intonation. Zuhörer können einen relativ lauten Tonfall als Zustimmung und Begeisterung interpretieren.

Ein lauter oder leiser gesprochenes Wort kann leicht auf Härte oder gar Bedrohung hindeuten. Dieselben Worte, die zögerlich gesprochen werden, können Verwirrung, mangelndes Vertrauen, Kritik oder Desinteresse ausdrücken.

Auch die Körperhaltung kann eine ganze Menge aussagen. Je nach Kontext kann eine geduckte Haltung auf verschiedene Weise verstanden werden: In einer Sitzung kann sie Entspannung oder Respektlosigkeit vermitteln, wobei sie in einem Gerichtssaal eher als letzteres wahrgenommen wird. Eine nach vorne gebeugte Haltung kann Eifer, Aufmerksamkeit, Gewalt oder sogar Einschüchterung vermitteln. Ein steifer, militärischer Gang hingegen kann ein Gefühl von Kälte und mangelnder Sensibilität vermitteln.

Die Proxemik ist einer der komplexesten und zugleich am meisten geübten Teile der Körpersprache. Sie bezieht sich auf den räumlichen Bereich, der uns bei Interaktionen umgibt und den wir durch soziales Lernen gelernt haben, in bestimmten Situationen zu erwarten. Menschen sprechen oft von ihrem Wunsch, "ihren eigenen Raum zu haben".

Viele Faktoren, darunter soziale Normen, Umweltfaktoren (z. B. die Nutzung der U-Bahn), Persönlichkeitsmerkmale und der Grad der

Vertrautheit, bestimmen, wie viel Platz wir brauchen und wie viel Platz wir wahrnehmen.

Der persönliche Abstand, der für ein informelles Gespräch erforderlich ist, schwankt beispielsweise zwischen 45 cm und etwa 130 cm.

Sofern man sich nicht auf einer überfüllten Party oder in einem Aufzug befindet, wird es im Allgemeinen als aufdringlich empfunden, wenn sich ein Fremder einem kleineren als dem genannten Raum nähert.

Der akzeptable Abstand für ein vertrauliches Gespräch liegt zwischen 0 und 30 cm. Umgekehrt variiert der gewünschte Abstand bei der Ansprache einer Menschenmenge zwischen 180 und 360 cm, abhängig von der Anzahl der anwesenden Personen und dem Ort des Treffens.

Berührung oder "Haptik" ist ein weiterer wichtiger Aspekt des nonverbalen Verhaltens. Zahlreiche Studien haben die zentrale Rolle der Berührung für die Verhaltensentwicklung von Säuglingen und Kleinkindern untersucht. Harry Harlows bekannte Forschung an Affen hat gezeigt, dass der Verlust von Berührung und körperlicher Interaktion ein gesundes und vollständiges Wachstum behindert.

Welpen, denen der Kontakt zu ihrer Mutter entzogen wurde, zeigten anhaltende Schwierigkeiten in der sozialen Interaktion und im Verhalten. Ähnliche Ergebnisse wurden auch bei menschlichen Säuglingen und Kindern festgestellt.

Das Fehlen von Körperkontakt fördert die Trennung. Die Beobachtung der Art und Weise, wie Menschen einander berühren, liefert eine Vielzahl von Informationen, über die man nachdenken kann.

Das Erscheinungsbild ist die Art und Weise, wie wir uns zeigen: Farben, Kleidungsstile, Schmuck oder dessen Fehlen, Frisuren und andere Aspekte, die das Erscheinungsbild beeinflussen, senden Botschaften aus, auf die die Menschen reagieren. Denim sendet eine eindeutige Botschaft, wenn es zu einem formellen Anlass oder in einer Verhandlung getragen wird und nicht in einer Bar.

Forschungen über die Psychologie der Farben haben ergeben, dass verschiedene Farbtöne je nach Kultur Stimmungen und Verhalten beeinflussen können. Das Erscheinungsbild kann auch physiologische Reaktionen, Bewertungen und Wahrnehmungen beeinflussen. Denken Sie daran, wie unterschiedlich sich Popkünstler und Nachrichtensprecher in der Öffentlichkeit präsentieren. Letztere müssen aufgrund ihrer Rolle unbedingt ein Gefühl von Professionalität und Seriosität vermitteln.

Denken Sie daran, dass für ein genaueres Verständnis der Körpersprache anderer Menschen viele Signale berücksichtigt werden müssen. Wenn Sie Ihre Intuition mit dem vergleichen, was der Gesprächspartner wirklich ausdrücken wollte, können Sie die Genauigkeit einer Interpretation in informellen Kontexten besser beurteilen.

Es kann Spaß machen und faszinierend sein, mit der anderen Partei zu arbeiten. Mit diesem Wissen und Talent kann jeder lernen, andere besser zu lesen und seine Kommunikationsfähigkeiten zu verbessern. Es kann sogar Ihr Leben verbessern.

KÖRPERSPRACHE KONTROLLIEREN - BOTSCHAFT UND KÖRPERHALTUNG AUFEINANDER ABSTIMMEN

Wir wollen glauben, dass unsere Worte die wahren Überbringer unserer Botschaft sind, wenn wir mit anderen kommunizieren, aber was wäre, wenn ich Ihnen sage, dass es noch mehr gibt? Wenn Menschen innehalten, um uns zuzuhören, hören sie nicht nur zu, sondern sie beobachten auch unsere Körpersprache, die oft im Widerspruch zu unseren Worten steht.

Es ist allgemein bekannt, dass Taten mehr sagen als Worte. Sie können dem Gesprächspartner zeigen, dass Sie die Stelle unbedingt haben wollen und dass Sie selbstbewusst und zuverlässig sind. Auch Ihr Lebenslauf kann Sie unterstützen.

Wenn Sie jedoch weiterhin an Ihren Haaren herumspielen, dem Gesprächspartner nicht in die Augen schauen und starr mit verschränkten Armen dasitzen, zeigen Sie Nervosität, Angst und eine Abwehrhaltung. Das ist nicht das Bild, das Sie bei einem Vorstellungsgespräch vermitteln wollen.

Ihre Kleidung und Ihr Auftreten tragen zu der Geschichte bei, die Ihre Körpersprache erzählt. Wenn Ihre Kleidung zerknittert und verblichen ist, erwecken Sie den Eindruck, dass Sie sich nicht um sich selbst kümmern und keinen Respekt vor sich selbst haben. Wenn Sie sich so fühlen und so leben wollen, ist das akzeptabel, aber wenn Sie im Leben weiterkommen wollen, müssen Sie dafür sorgen, dass Ihre Körpersprache mit Ihren Worten übereinstimmt.

Bei der Begrüßung und beim Kennenlernen neuer Leute ist es wichtig, dass Sie sich mit einer warmen, selbstbewussten Haltung präsentieren, Blickkontakt halten und einen festen, aber nicht zu festen Händedruck geben.

Der matschige Händedruck sollte für einen unausstehlichen und lästigen Verwandten zurückgehalten werden.

Reden Sie nicht wie eine rasende Lokomotive und schnappen Sie nicht nach Luft, sondern geben Sie Ihrem Gesprächspartner Gelegenheit zur Interaktion. Wenn es angebracht ist, lächeln Sie, reduzieren Sie Ihre Bewegungen auf ein Minimum und zappeln Sie nicht herum.

Sie sollten auf Ihre Bewegungen achten, egal in welchem Kontext Sie sich befinden. Selbst in unserer so genannten aufgeklärten Zeit lächeln Frauen ihren männlichen Kollegen übermäßig zu, schütteln ihr Haar und spielen mit dem Stiel eines Weinglases, um durch ihre Körpersprache ihr Interesse und ihre Verfügbarkeit zu zeigen.

Das Leben ist nicht fair, aber so ist es nun einmal. Deshalb rate ich Ihnen, Ihre Körpersprache zu kontrollieren, wenn Sie die Annäherungsversuche von Mr. Sleazy vermeiden wollen.

Wenn Sie sich mit neuen oder alten Bekannten unterhalten, schenken Sie ihnen am besten Ihre volle Aufmerksamkeit.

Es gibt nichts Schlimmeres, als sich mit jemandem zu unterhalten, der den Raum mit einem gelangweilten Gesichtsausdruck absucht, als ob er jemanden sucht, mit dem er sich besser unterhalten kann als mit Ihnen. Seien Sie höflich und erweisen Sie ihm den Respekt, den er verdient.

Wenn Sie sich jedoch vor einer langweiligen Party wiederfinden, können Sie einfach nach einer Ausrede suchen und anstandslos abspringen.

Die Kenntnis der Körpersprache kann daher in einer Vielzahl von Situationen genutzt werden: am Arbeitsplatz, zu Hause und in persönlichen Beziehungen.

Dieser Kommunikationskanal vermittelt mehr Informationen als das geschriebene Wort und kann Sie, wenn er richtig eingesetzt wird, auf der Erfolgsleiter schneller nach oben bringen als Wasser den Abfluss hinunter.

Mit der richtigen Aufmerksamkeit kann die Körpersprache als nützliches Instrument eingesetzt werden, um sich zu verbessern und die eigenen Ziele schneller zu erreichen.

SPRECHEN IN DER ÖFFENTLICHKEIT: KÖRPERSPRACHE UND KÖRPERHALTUNG

Wir fühlen uns oft von Menschen angezogen, die wir sympathisch und offen finden. Eine positive Persönlichkeit zeigt Selbstvertrauen und übt eine anziehende Kraft auf andere aus. Beim Sprechen in der Öffentlichkeit hängt der Grad der Beeinflussung weitgehend von der verwendeten Körpersprache ab.

Der schwierigste Aspekt beim Sprechen in der Öffentlichkeit besteht darin, eine einflussreiche Position zu halten, indem man seine emotionale Intelligenz einsetzt.

Ich glaube, dass die visuelle Komponente bei den Zuhörern generell mehr Gewicht hat. Es sind die Körpersprache, die Körperhaltung, der Blickkontakt und die Mimik einer Person. Mehr als 50 Prozent der Wirkung eines Redners hängen von diesen Faktoren ab. Sie haben vielleicht die Kontrolle über Ihre Worte, aber können Sie auch Ihre Körpersprache steuern?

Die Bestandteile der Körpersprache sind Körperhaltung, Gestik und Mimik.

Wenn Sie vor einer großen Menschenmenge sprechen, sind alle Augen auf Sie gerichtet, daher ist es entscheidend, all diese Faktoren zu beherrschen. Wenn Sie vor vielen Menschen sprechen, trägt eine positive Körpersprache dazu bei, eine Beziehung zu den Zuhörern aufzubauen. Außerdem hilft sie den Menschen, sich auf Sie und Ihre Botschaft zu konzentrieren.

Zu einer perfekten Darstellung gehört es, die richtigen Worte zu verwenden und sie mit einer angemessenen Körpersprache zu kombinieren, die zur nonverbalen Kommunikation beiträgt. Erfahrene Redner setzen ihren ganzen Körper ein, um die Botschaft, die sie vermitteln wollen, zu unterstützen.

Wenn Sie sitzen, vermitteln Sie ein Gefühl von Energie und Zuversicht. Richten Sie Ihren Rücken auf, stellen Sie Ihre Füße auf den Boden und legen Sie Ihre Hände offen auf den Tisch; vermeiden Sie schließlich übertriebene Ausdrücke, die die Zuschauer verwirren könnten.

Wenn Sie hingegen stehen, sprechen Sie mit geradem Rücken zu den Zuhörern; lassen Sie die Hände an den Seiten oder legen Sie sie sanft auf das Podium, um zu zeigen, dass Sie sich wohl fühlen; schwanken Sie nicht, um die aufmerksamen Zuhörer nicht abzulenken.

Vermeiden Sie es, hinter dem Podium zu stehen, denn das würde Sie von den Zuhörern entfernen, die Sie aber näher heranholen wollen; passen Sie die Höhe des Mikrofons entsprechend an.

Schauen Sie sich in allen Bereichen des Raumes um: von rechts nach links und von vorne nach hinten, um das Interesse jedes einzelnen

Zuhörers zu wecken; benutzen Sie Ihre Hände, um Akzente zu setzen und Stress abzubauen; vermeiden Sie es, die Hände hinter dem Rücken oder in den Taschen zu halten, um nicht den Eindruck zu erwecken, dass Sie sich in einem Zustand der Unruhe befinden.

Verschränken Sie nicht die Arme vor der Brust, um kein Desinteresse an der Kommunikation zu zeigen; ducken Sie sich nicht, um keinen schlechten Eindruck auf die Zuhörer zu machen; halten Sie Ihr Kinn hoch und heben Sie den Kopf, um Macht und Autorität zu vermitteln.

Passen Sie Ihre Körpersprache an die Größe des Raumes an; Ihre Bewegungen sollten weit und fließend sein, nicht abrupt und ruckartig; Ihre Füße sollten geradeaus zeigen. Sie können sich bewegen, aber denken Sie daran, diese Bewegungen mit ruhigen Momenten zu unterbrechen.

Versuchen Sie, Ihr Gesicht von Anfang an aufzutauen: Bei der Begrüßung und zu verschiedenen Zeitpunkten während der Rede sollten Sie lächeln.

Kleine Redner können nach vorne gehen und näher am Publikum stehen, anstatt sich am Podium festzuhalten, was Sie größer erscheinen lässt.

Für die meisten Menschen ist es schwierig, allein vor einer Menschenmenge zu stehen. Dieses ungewohnte Ereignis verursacht

Unbehagen, Anspannung und das Gefühl, Schmetterlinge im Bauch zu haben. Natürlich zu sein ist nicht der schnellste Weg zum Erfolg. Wir müssen uns besonders anstrengen, um bei öffentlichen Reden und Präsentationen ausdrucksstärker und überzeugender zu sein.

Arbeiten Sie an Ihrer Körpersprache, um jede Gelegenheit zum Sprechen in der Öffentlichkeit optimal zu nutzen. Wenn Sie die richtige Körpersprache, die richtigen Bewegungen, den richtigen Blickkontakt, die richtigen Gesten und die richtige Körperhaltung lernen, sind Sie auf dem besten Weg zum Erfolg in der Öffentlichkeit.

KÖRPERSPRACHE UND LÜGEN

Es ist nicht immer einfach, Unwahrheiten zu erkennen. Man muss in der Lage sein, den Gemütszustand einer Person, ihre Sprache, die Art, wie sie sie benutzt, und andere Anzeichen für eine Lüge zu deuten.

Eine der einfachsten Möglichkeiten, Lügen zu erkennen, ist jedoch die Beobachtung der Körpersprache, um Anzeichen für eine Täuschung zu erkennen.

Wenn eine Person unehrlich ist, unterscheiden sich ihr Auftreten, ihre Haltung, ihr Gang und ihre Bewegungen drastisch von denen, wenn sie entspannt ist und die Wahrheit sagt.

Obwohl einige es effektiv verbergen und schwerer zu entlarven sind, zeigen wir alle Anzeichen von Täuschung, selbst diejenigen, die ihr Verhalten am besten kontrollieren können.

Es gibt jedoch viele Möglichkeiten, einen Lügner durch stumme Sprache zu erkennen; konzentrieren wir uns also auf einige der wichtigsten, die unseren Körper betreffen.

Fünf Strategien zur Erkennung von Unwahrheiten durch Körpersprache

- Kratzen im Gesicht:

    Eine Möglichkeit, um festzustellen, ob jemand lügt, besteht darin, zu beobachten, wie er seine Hände benutzt. Lügner legen oft ihre

Handflächen oder Finger an den Mund oder kratzen sich im Nacken. Ein Lügner kratzt sich oft an der Nase, während er spricht. Diese spontanen Handlungen deuten darauf hin, dass sie sich unwohl fühlen oder unsicher sind und können zeigen, wie aufrichtig sie sind.

- Nicken oder Kopfschütteln:

Manche Menschen haben beim Lügen den unbewussten Reflex, mit dem Kopf zu nicken, wenn sie "Nein" sagen, oder den Kopf zu schütteln, wenn sie "Ja" sagen.
Dieses Verhalten wird auf einer unbewussten Ebene ausgelöst, so dass sie sich dessen nicht bewusst sind. Trotz ihrer Aussagen können sie die Wahrheit durch Nicken oder Kopfschütteln zum Ausdruck bringen.

- Barriere zwischen Ihnen und ihnen:

Manchmal wird eine Person, die sich beim Lügen nicht wohl fühlt, physisch etwas zwischen Sie und sie stellen. Stühle, Tische und alles andere, was Sie finden und hinter dem Sie sich verstecken können, bietet der unehrlichen Person ein Mittel, um sich sicherer zu fühlen.

Wenn es keine Barriere zwischen Ihnen und dem Lügner gibt, wird dieser versuchen, eine zu errichten.

- Körperhaltung:

Die Haltung eines Lügners ist nicht entspannt, es sei denn, er oder sie ist außerordentlich geschickt im Lügen; die meisten Menschen werden starrer und selbstbewusster, wenn sie in der Lage sind, lügen zu müssen oder zu wollen.

Es kann vorkommen, dass Personen ihr starres Verhalten erkennen und sich bemühen, es zu ändern. Dies führt jedoch in der Regel dazu, dass die Personen noch unbeholfener wirken, da sie ohne ersichtlichen Grund anfangen, hin und her zu wippen oder die Füße zu wechseln.

- Ungewöhnliche Handbewegungen:

Ein weiterer Tipp, um Lügen anhand der Körpersprache zu erkennen, ist das Studium der Handflächen des Verdächtigen.

Oft sind die Handflächen nicht zu Ihnen gerichtet und die Personen zeigen Ihnen wahrscheinlich ihren Handrücken. Außerdem haben viele Untersuchungen gezeigt, dass Lügner selten ihre Brust mit der offenen Handfläche berühren.

"Wenn Sie eine lebendige und dauerhafte Liebe schaffen wollen, müssen Sie ein Meister der verbalen und nonverbalen Wertschätzung werden."

Schwule Hendricks

"Carpe Diem

Horaz

SCHLUSSFOLGERUNG

Die Körpersprache sagt viel über Sie aus und beeinflusst wesentlich, wie andere Sie sehen. Daher können Sie viel lernen, indem Sie einfach die Körpersprache anderer beobachten.

Bis zu 55 % der menschlichen Kommunikation basiert auf Körpersprache und stimmlichen Hinweisen, die je nach Situation unterschiedliche Dinge vermitteln können.

Menschen mit einer selbstbewussten Körpersprache, die sich zum Beispiel durch weite, offene Bewegungen auszeichnet, werden im Allgemeinen als selbstbewusster wahrgenommen. Sie sind eher weniger gestresst, dominanter, risikofreudiger und optimistischer.

Studien zufolge wirkte sich auch das Vortäuschen einer autoritären oder demütigen Haltung positiv oder negativ auf das Selbstvertrauen der Teilnehmer aus.

Der Prozess des Vortäuschens wird Ihnen helfen, sich Ihrer Bewegungen bewusst zu werden, beginnend mit bescheidenen Anpassungen Ihrer Körpersprache. Das ist etwas, das jeder lernen kann.
Es gibt drei häufige Situationen, in denen die Körpersprache - und die Strategien, zwischen den Zeilen zu lesen, um zu verstehen, was vor sich

geht - besonders wichtig sind: ein Vorstellungsgespräch, ein heißes Date und die Aufdeckung oder Verschleierung von Lügen.

Ob wir es wollen oder nicht, wir alle lügen oft. In den ersten 10 Minuten eines Gesprächs mit einem Fremden lügen wir wahrscheinlich ein oder mehrere Male. Selbst wenn es nur kleine Lügen sind, erzählen wir sie trotzdem. Die meisten von uns lügen gelegentlich, um einen Konflikt zu vermeiden, auch wenn es besser wäre, die Wahrheit zu sagen.

Worte können trügerisch sein, aber der menschliche Körper kann Lügen nur schwer verbergen. Die Körpersprache zu nutzen und zu wissen, wie man sie interpretiert, kann eine große Hilfe bei der Kommunikation mit anderen sein.

Das Hauptziel bei der Interpretation der Körpersprache besteht darin, das aktuelle Wohlfühlniveau zu ermitteln. Dafür gibt es eine Methode, die verbale Hinweise und Körpersprache kombiniert.

Die Fähigkeit, anhand der Körpersprache zu erkennen, ob jemand lügt, ist ein großer Vorteil. Intuition ist nie 100%ig genau, aber mit etwas Übung kann man sensibler für Täuschungen werden.
Allerdings ist es mit dieser Technik recht schwierig, Notlügen, Unterlassungslügen und Übertreibungen zu erkennen.

Forschungsergebnissen zufolge zeigen Lügner oft viele unangenehme Verhaltensweisen und einige charakteristische Merkmale; so ist es beispielsweise laut Forschung fast unmöglich, beim Lügen ein echtes Lächeln zu zeigen. Infolgedessen wirken viele Personen auf Familienfotos unbeholfen. Wird ein Lächeln vorgetäuscht, wirkt es unbeholfen.

Das wahre Lächeln liegt in den Augen, denn es hebt die Wangen an und erzeugt Linien um die Augen. Es ist schwer zu fälschen, denn man muss echtes Glück empfinden, was unmöglich ist, wenn man lügt. Daher ist ein falsches Lächeln nützlich, um festzustellen, ob man lügt.

Typischerweise kompensiert ein Lügner dies durch übermäßigen Blickkontakt und wirkt starr, während er versucht, nicht zu zappeln. Echte Interaktionen hingegen beinhalten kurze Zeiträume des Blickkontakts. Weil sie sich unwohl fühlen, berühren Lügner oft ihren Hals oder ihre Augen, schauen weg und versteifen ihre Schultern.

Wenn sie einer Sache beschuldigt werden, geben Lügner weitere Einzelheiten an und schlagen Strafen für die wirklichen Verbrecher vor. Sie werden auf Ihre Anfrage mit einer Frage antworten, um Zeit zu haben, eine Antwort zu formulieren. Diese Art des Sprechens in Verbindung mit einer ungünstigen Körpersprache ist hilfreich, um Unehrlichkeit zu erkennen.
Es ist wichtig zu erkennen, dass einige Personen sich immer unangemessen verhalten können. Achten Sie auf viele Anzeichen, vertrauen Sie Ihrem Instinkt und bitten Sie um Bestätigung, wenn Sie unsicher sind.

Es ist wichtig, beim ersten Date die Körpersprache Ihres Partners zu lesen, um zu vermeiden, dass er/sie über Themen spricht, die ihm/ihr unangenehm sind.

Im Grunde sind Sie nur an allgemeinen Indikatoren für Komfort und Unbehagen interessiert. Zu diesem Zweck müssen Sie die Körpersprache dieser Menschen beobachten. Bei einer ersten Verabredung verschränken die meisten Menschen die Arme, gehen auf Distanz und halten die Hände nach oben.

Ihr Ziel ist es, sie dazu zu bringen, aufgeschlossener zu sein, indem Sie selbst offener sind und sie mit offenen Armen und einem echten Lächeln empfangen. Jeder Mensch neigt dazu, das Verhalten seiner Mitmenschen zu imitieren. Wenn Sie also freundlich sind und sich wohlfühlen, werden sich auch andere besser fühlen.

Bei einer ersten Verabredung kann das Wohlbefinden aufgrund von Nervosität schwanken, und Sie werden sicherlich einige Fehler machen; aber keine Sorge, machen Sie einfach weiter.

Beobachten Sie positive Körpersprache und konzentrieren Sie sich auf deren Ursachen. Wenn Sie eine unvorteilhafte Körpersprache beobachten, wechseln Sie das Thema.

Es mag Abende geben, an denen Sie jemandem begegnen, mit dem Sie keinen Kontakt herstellen können, mit dem Sie sich nicht gut verstehen und der Ihnen unangenehm und peinlich ist: Akzeptieren Sie in diesem Fall die Möglichkeit, dass diese Person nicht zu Ihnen passt, und gehen Sie weiter.

Der einzige Unterschied zwischen Vorstellungsgesprächen und ersten Verabredungen besteht darin, dass Sie bei einer Verabredung auf gleicher Augenhöhe sind, während bei einem Vorstellungsgespräch der Gesprächspartner die Oberhand hat.

Dadurch ist Ihr Unbehagen größer als das des Gesprächspartners. Sie könnten leicht eine negative Körpersprache zeigen, die Sie versuchen müssen zu verbergen, um nicht unnahbar oder beruflich unerwünscht zu wirken.

Neben einer guten Körpersprache sind eine herzliche Begrüßung, ein Lächeln und ein fester Händedruck gute Voraussetzungen für ein angenehmes Gespräch.

Bereiten Sie sich auf das Vorstellungsgespräch vor, informieren Sie sich über das Unternehmen und die potenziellen Gesprächspartner; das wird Ihr Wohlbefinden und Ihr Selbstvertrauen steigern.

Natürliches Wohlbefinden ist die wichtigste Ressource, aber mit einigen Tricks kann man es simulieren. Blickkontakt ist wichtig, vor allem wenn Sie Fragen stellen und den Antworten des Gesprächspartners zuhören.

Verdecken Sie nicht die Augen, beugen Sie sich leicht vor und legen Sie die Hand auf die Lippen, um zu zeigen, dass Sie nicht sprechen und aufmerksam zuhören.

Jeder erfahrene Gesprächspartner wird Ihre Nervosität und Anspannung verstehen. Übermäßiges Selbstvertrauen hingegen kann als Zeichen dafür gewertet werden, dass Sie das Gespräch nicht ernst nehmen.

Das Verstehen verbaler und nonverbaler Signale hilft Ihnen, mit anderen zu sprechen und sie zu verstehen. Es mag Spaß machen, aber Sie sind kein Hellseher; Sie können keine Gedanken lesen oder die Gedanken oder Gefühle einer anderen Person entschlüsseln.

Nutzen Sie diese Ansätze, um Informationen zu finden, die Ihnen helfen, andere besser zu verstehen und mit ihnen zu kommunizieren.

Beste Wünsche!

www.ingramcontent.com/pod-product-compliance
Lightning Source LLC
Chambersburg PA
CBHW072151290526
45794CB00004B/1477